不動産営業マン元気マニュアル

～営業がワカル・業績がカワル～

斉子 典夫 著

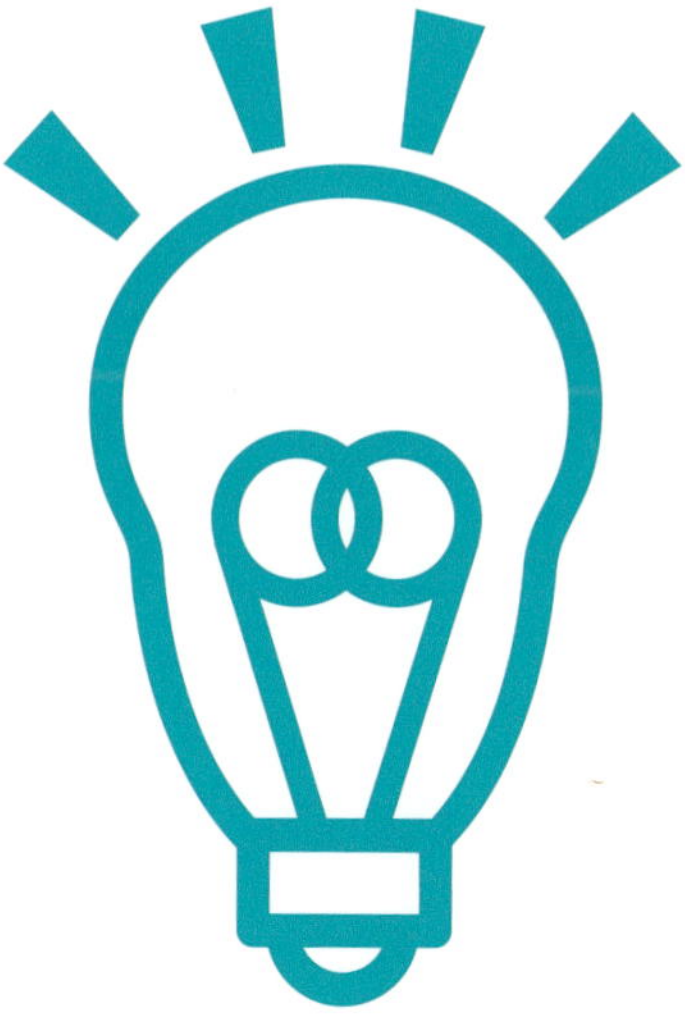

住宅新報社

まえがき

このたび、住宅新報社の編集担当者から『不動産営業マン売上げアップの処方せん』が大変好評で品切れになったので、ぜひ内容を増補・改訂して発行したいという依頼を受けた。書名も『元気マニュアル』と改題し、「営業マン・クリニック」というマンツーマン型の個別研修を通じての成果を加え、4コマ漫画を入れて編集したいとの意向を受け、まさに時宜を得たりと快諾した次第である。

これまでに読者から「自分の営業がうまくいかない理由がよくわかりました」「営業がこんなにもシンプルで、やるべきことがはっきりしているとは！」「書いてあるように行動すれば、本当に成果が出るのでビックリしました」「これは、私の家宝にします。わかりやすくて貴重な魔法のような本です」「新入社員やベテラン社員、そしてマネジャーの私たちにとっても、基本的で重要な営業の共通法則ばかりです。それをやれば、必ず業績が上がるはずですね」等々の声を頂いた。実にありがたい。

何事も出会いが大切である。営業を新しく組み立てたい方、長く良い関係を築き上げたい方、また自分の仕事の「今日が明日に繋がっている」という充実感を持ちたい方などが、この本を通じて、それぞれの迷いや悩みの岐路をチャンスに変える〝何か〟に出会ってほしい。そのエールを届けたい。

平成二十三年二月　春の訪れる窓辺で

ＪＲＣ株式会社　代表取締役　斉子　典夫

不動産営業マン元気マニュアル

～営業がワカル・業績がカワル～ 目 次

第一章 営業の基本行動

第二章 固定観念の打破

第三章 トップセールスへの道

第四章 スランプ脱出法

イラスト・藤井 龍二
挿絵・大野 まみ

第一章

営業の基本行動

1 自分自身の良いイメージを持って「考えて動く」営業

継続して業績を出すには

営業は奥の深い仕事である。営業は単に動けばよいものではなく、考えて動くことが大事だ。営業の今を切り取ってみると、そこに表れるのは、表面に見える成功・失敗の事例である。本来的に営業の道は、大きく二つに分かれる。ただ動くか、考えて動くかである。

今の成功が一時的ではなく、安定して、継続して業績を出す営業の姿をめざす。お客様から学んだことを、どのように明日のために改善するか。次に、どう生かすか。あまり波の大きくない営業、信頼をベースに、持続的に数字を出していける営業、これが、企業にとっても、お客様にとっても求められる営業である。お客様は、納得しなければ感動しない。お客様の受け入れようとする気持ちは、営業マンのお客様に対する想いの強さ、熱心さに反応する。営業マンは、お客様の役に立ちたいとの想いを、自分のポリシーまで高めて持つことだ。

また、自信を持ってシナリオを描くことによって、強い営業の道を創ることができる。営業マンは誰も皆、勝ちたいと思っている。負けようと思って営業している者は誰もいないはずだ。しかし、差がある。勝てないのはなぜか？　そこを市況が悪い、物件が悪い、お客様が悪いでは、次の打つ手が見えてこない。そこで、自分原因論に立ってみることだ。自分の不足や失敗した要因を考え、積極的にそのための手が打てるか？　営業としての自分のスタイルや、誇りのある自分の道を描いていけるか？　営業とは骨が折れる。汗をかく。それだけに喜びの大きい、とても意味のある、プライドの持てる仕事だと思う。

営業は、順調な時も順調でない時もある。しかし、順調な時こそ、落とし穴があることもしっかり銘記することだ。そう考えることが、バランスを取ることにつながる。今のままで良いと思ったら、今以下に退化する。顧客目線、顧客視点にかえる。そのような営業の出発点にかえることが、曇りガラスを拭いてくれるワイパーの役割となる。ここに営業の奥深さと、幅の広さがある。

営業には、今日を明日につなげていく仕事の使命感とやりがいがある。お客様をつなげていく意識、リピートの取れる営業やサービスの仕方が、営業の現場では大きなテーマでもある。営業マンのテンションは、新規のお客様の時ほど高い。だからトップ営業マンのHさんは、お客様と会う時に、日常のリズムから徐々にテンションを上げて行く。例えばお客様の玄関先で、肩の力を フッ と抜いて、深呼吸をひとつする。リラックスしてハイテンションに、一瞬にして自分の良きイメージに持っていくのだ。何気なく見えるこの行為を、常に対人コミュニケーションでできるかどうかが、トップ営業マンか否かの分かれ道である。

新規のお客様だ
髪形よし服装よし口臭なし
肩の力をぬいて深呼吸
ハイテンションモードに変身！
あ
おじさんなにやってるの？

また、言葉づかい、表情、動作、服装など、相手に与える印象に留意することも大切だ。これらは営業マンのイメージをプラスあるいはマイナスに形成する。ふだんから安心感、信頼感、親しみを与えることに注力しているか？　お客様は、最初の印象をそのまま基本的なスタンスとして受け止め、営業マンの行動に反応していく。

「何とかなるだろう」と思っていては、何ともならない。「何とかする」と思うことで、クリアしたい目標が具体的にハッキリとする。ただし、お客様によって、好みも違えば、生活環境も異なり、ニーズも違う。だからこそ、物件の価値も絶対的というより、むしろ人によって価値付けの変わる、相対的なものとして把握する柔軟性が必要になってくる。そして、自分の営業のやり方も、ここで決まらなかったらダメだと落ち込んで終わるのではなく、新たに、仮説を立てて検証していくつもりで、一つがダメなら次の方法でというように、テストマーケティングしていくイメージで、果敢に営業にトライしてほしい。

強い営業の道は、「行動＝考動」にある。

2 カスタマー・コンタクト（連絡）を密に取る

トップ営業マンの強力な武器とは

なぜ、顧客との連絡を密に取るのか。それは、常に無視しない関係づくりのためである。相手を無視すれば、こちらも無視される。相手に関心を持てば、こちらにも関心を向ける。『ミラーリングの法則』である。相手の姿は、鏡に映った自分の姿である。お客様の気持ちは、そのつど変わる。お客様の気持ちの動きをつかみ、その要望に素早く対応することは、密なる連絡を取っていればこそできる。相手を変えようと思えば、まず自分を変えることが早道である。

お客様との出会いの最初は、何らかの意思表示である情報の発信から始まる。発信の仕方は、チラシ、ホームページ、手紙、電話といろいろだ。発信したら、情報を受信する能力がいる。

お客様が発信する先は、いいものを買いたい、いいものを探したい、納得のいく売り方・買い方をしたい、良い相談をしたいという方向である。それを受信し、相談に応えていく。

営業は、そういう意味で問題解決の要素を含む。特にＣＳ（顧客満足）とは、顧客の立場でものを考え、共感し、契約をする顧客共感であり、顧客起点の考え方を追求していく道のりである。

ある銀行系の不動産会社で、ずっと変わらずに業績を上げ続けるKさんは言う。「同じ仕事をしていると、いつかそのことに慣れ、あきてくる。そこで仕事の幅を広げたり、反対にグッと絞って自分の得意技を磨いたりすることで、その時期は越えられる。自分の仕事をクリエイティブに捉え、営業に新鮮な気持ちで向かうと、営業は面白くなってくる」と。

営業の道は深く、日々新たなり。商いとは、まさに〝あきず〟にやり続ける工夫であろう。

そのKさんの電話の第一声は、いつもまことに明るい。人を引きつける第一声だ。その声は、誰をもファンにする力がある。Kさんは紹介の多い人脈を持つ。それは連絡を密に取るからだ。うまくいっても、いかなくてもスピーディーに必ず連絡をする。そのことがKさんという営業マンのイメージを形成し、「あの人なら、必ず電話をくれるはず」と、相手に思わせる。「あの人なら大丈夫」という信頼の感情が芽生え、お客様の心に、目には見えないけれど、Kさんの存在がハッキリと明らかになったからだ。

「電話で、マメに連絡する」この一点を実践し続ける知恵こそ、トップ営業マンの強力な武器となる。

営業の本質は信頼の構築にある。コンタクト一つで営業能力が格段に向上する。

3 重点営業のための三つのF

効率的な営業手法『アタック25の法則』

あれもやろう、これもしようと焦点を絞り切れないと、集中力が発揮できず、うまくいかないものだ。営業のフィールドも同様だ。マーケット（市場）は、外のどこかにあるのではない。お客様の心のうちにある。そして営業マンの心の中にある。営業の対象として絞り込んでいくのは、そのマーケットだ。

お客様に向けた重点営業には、三つのFがある。

①Ｆｏｃｕｓ（フォーカス＝絞り込み）……お客様の意欲、資金、期限等で見込み度を計り、それを区分して、絞り込んでいく。

②Ｆｅｅｄｂａｃｋ（フィードバック）……依頼の内容やその進行について、お客様に報告・連絡を決して欠かさない。

③Ｆｏｌｌｏｗ（フォロー）……よき相談者になり、納得プロセスの提案やアドバイスをする。

その中でも『アタック25の法則』は、よく実行される営業手法であり、そのつど、新しい成功事例が生まれることに驚かされる。横浜の営業マンKさんは、お客様からの受託直後に、周りのお宅へ〈売り物件のご案内〉をポストインする。売り依頼を受託したお宅の両隣の12軒と、その向かい13軒の住宅、合計25軒の近所宅への絞り込み営業である（ただし、近隣を回るので、売主さんに説明して、納得してもらうことが前提である）。Kさんは、日頃から現場を回っているので、お客様への報告はよりきめ細かく、リアルである。お客様の反応があったら、即訪問し、即案内する。笑顔と基本動作を大切にしながら、フェイス・ツー・フェイスの顔の見える関係づくりに努める。考えてみると、私達は、他人よりも自分に大きな関心を持つ。だからこそ、すぐに自分の心をオープンにし、自己をさらけ出すことをためらう。それには信頼関係がいる。しかし一方で、周りの他人のことは知りたいものだ。さらに、より早く詳しく知りたいと思う。『アタック25の法則』は、そんな心理を捉えている。

さあ、今までやっていなかったり、知っていたけれど最近は実行していなかった行動を、何か一つ始めてみよう！　どんなやり方でも、新しい気持ちで取り組み、自ら進んで行動すれば、それはきっと開花を予感させる新しい芽吹きへのアタックになる。

攻めどころ・勘どころは近隣にある。
近隣は情報の宝庫だ。

4 お客様と呼吸を合わせ、話を引き出す

ペーシング（ペースを合わせること）に必要な相手情報を得る

お客様との応接は個別対応であり、ワンツーワン・マーケティングである。お客様と営業マンが常に一対一の関係として対応し、顧客＝個客によって、プレゼンテーション・スタイルを柔軟に変えていくことが求められる。

それぞれのお客様に、営業マンが歩調を合わせることで、お客様の不安を取り除き、信頼感を創り出していく。相手と歩調を合わせ、呼吸を合わせ、ペースを合わせる。これを、ペーシングという。歩調を合わせるには、相手の情報がいる。つまり、お客様の持っている関心事の強弱とか、濃淡、好みや趣味、その先にある願望や実現したい夢を、こちらが関心を持って知ることから、ペーシングは始まる。

ただ、ゆっくりとか早くとか話し方を合わせるだけではなく、お客様を受け入れて、実現に気持ちを合わせていく適切な情報の発信の仕方、受信の仕方をいうのだ。そこには、お客様と営業マンの響き合いが生まれる。

トップセールスマンは、お客様とペースを合わせながら、接点を見つけ出すことができる。タイミングよくうなずき、相づちを打ち、復唱確認しながら、お客様の話を引き出していく。相手に合わせているようだが、実は営業マンのリズムになっている。お客様と、リズムを合わせて歩調を合わせるうちに、相手ではなく、自分のリズムと感じられてきたら、それは心地よい調和となる。

いくつかの事例がある。

お客様が、好きだったり、大いに関心があるという音楽を先にうかがっておき、物件案内の車の中で、その音楽をかける。気に掛けてくれたという想いが、お客様に届く。

あるいは、契約に臨んで、緊張しているであろうお客様の気持ちを想像し、契約書を交わす前に、濃いめのお茶を用意する。お客様が、そのお茶を飲んで、ひと呼吸し、落ち着く時間を、とても重要なシーンとして設定している。

また、飼い猫の名前を覚えて、ふとした機会に、その猫の名前をやさしく呼ぶ。お客様のしてほしいことをさり気なくする。そこで、お客様に向けた関心の強さを表現する。

さて、インターネット営業で業績を上げているIさんがいる。行動的な営業マンだ。メールで、お客様からの反応があったら、まずファーストコンタクトの素早い対応でお客様の心をつかむ。メールの向こう側に笑顔が感じられるかどうかがカギだ。

Iさんは、ドイツに赴任しているお客様からの問い合わせに、リアルに感じられる物件写真をメールで数枚送った。物件マンション6階からの眺望や、部屋の天井の高さが分かる写真、そして、北、東、

あら
この音楽
お好きと
お聞きしま
したので
まあ
気にかけて
くれたのね♡
実は
私も
ファンです
あなた
気に入ったわ
カラオケ
ここにも
つきあい
なさい
え〜

西の角部屋を示した写真などである。南向きにこだわっていた奥さんも、明るい部屋の写真を見て納得されたようだ。さらに、柱位置の写真により、開放感があるところが見て取れた。それらは、Iさんが独自にデジカメで撮った写真である。物件のこまやかな長所やこだわり部分を、メールと写真を送ることで、現場を見ていないお客様とも、臨場感のあるやり取りができた。

その後すぐに申し込みをいただき、間もなく帰国されたお客様は、7900万円の物件をオールキャッシュで購入され、無事契約を完了させることができた。それは、Iさんがお客様との歩調を合わせたペーシングの成果である。契約後も「買って良かった」と感謝するお客様から、次の紹介をいただいている。

大福帳

ペーシング型営業マンは、相づち、うなずき、復唱、確認を徹底する。

5 接触三条件は「ノウ・ヒン・カン」

他の営業マンを凌駕《りょうが》する人脈密着型営業とは

多少でもうぬぼれがあると、業績は落ちる。継続するにはコツコツと細かい工夫を数限りなくやっていく。段取り良く仕事をするには、一歩先のことを考える。忘れずに実行する自分なりのやり方を持つ。同じ情報なら彼から買うと言ってもらえるぐらい自分の営業センスを持ち、他の営業マンを凌駕する。紹介をいただくことの多い、人脈密着型の営業像を持ちながら日々過ごすと、やるべきことは、まだまだいっぱいあり、いかにやっていないことが多いかと愕然とする。うぬぼれてなんかいられない。いち早く危機感を感じ取った人の勝ちであり、問題意識の芽生えこそ、次なる手が打てる好機である。ホンのちょっとした面倒なことの後に、ビジネスチャンスはあり、少し手間のかかった背後にキラリと光る宝石が隠れている。

お客様の立場で考える。お客様の利益になることを考える。お客様が喜ぶことや、楽しんでくれることを考える。親切にしてあげられることを考える、このバックボーンがうやむやになったり、お題目になったりする時、人は離れていく。お客様への関心を深くすればこそ、聞き流してしまうと見えてこない、一歩突っ込んだ先にあるお客様のニーズを聴くことができる。なぜそのエリアがいいのか、なぜその予算なのか、どんな趣味なのか、現状の何に不足を感じ、何を得たいのか、など。

営業マンTさんは、自分の携帯電話の伝言メモ機能を用いて、忘れてはならない予定を、自分で録音する。また、Sさんも、携帯電話のスケジュール機能に、朝一番、8時30分の予定として入力する。明朝その時刻に、アラームが鳴って知らせてくれる。忘れないためのこの工夫は、一歩進んだIT時代の営業のあり方である。どんな時も、お客様との接触は怠ってはならない。

接触の三条件は、①濃度、②頻度、③感度である。濃度とは、いかにお客様の情報を質量とも豊かにするか。頻度とは、お客様との接触回数をいかに多くするか。感度とは、①濃度と②頻度を通じてお客様のニーズを見抜き、それを的確に提案する力である。お客様への情報提供は、この「ノウ・ヒン・カン」を満たすことであり、そこから真のコミュニケーションは始まり、持続的な関係が育まれていく。

大福帳

ただ数多く接触すれば良いというものではない。顧客情報は、その量と質が生命だ。

6 リピートはアフターフォローが決め手

人脈をどう創り、育て、発展させるか

売りたい気持ちが先行すると、売れない結果に陥りやすい。こちらの話を一方的にまくしたてたり、相手の話を聞く余裕なしに早口になったりする。「売りを見せるな！　ただ楽しんでやっていればいい」とは、継続的に業績を上げているSさんの自戒の言葉である。

地域に密着すればこそ、情報に密着でき、より確度の高い情報が得られる。地元を大切にするスタンスでのアフターフォローは、アフターに終わらず、次のビフォーにつながる。点から線、線から面へと人脈がつながるクロスポイントをどう創り、どう育て、どう発展させていくか？　お客様との出会いは、ビジネス関係→知人関係→そして次のビジネス関係として、らせん状に上がっていくスパイラル効果を生む。紹介客、リピート客のアップは、アフターフォローいかんであり、その開花は、仕事の醍醐《だいご》味《み》でもある。つまり、アフターフォローとは、営業としての自分の分身を育てるようなものだ。

例えば、千葉のK社長は「年中無休、24時間営業」を掲げ、名刺にも携帯電話と緊急連絡先として自

宅の電話番号を入れて、本気で地域密着を図る。あるいは、高業績を上げる四国のT社長が、CS（顧客満足）ナンバーワンに向けて始めたサービスの一例を挙げる。「ご不満工事の無償やり替えサービス」……せっかくリフォームしたけれどイメージと違うとか、クロスの仕上げが気に入らないなど、ご不満に無償でやり替える。そして、「いたわりサービス」……高齢者や身体の不自由な方に、工事にはいる前の片付け、家具の移動、工事後のセッティングなどのサービスを無償で行う。お客様から不満やクレームを聞くことで、真のニーズに近づく。

契約後は、営業マンとお客様とのテンションの違いが大きい。契約直後から営業マンは、契約前と比べて気持ちがクールダウンし、次の新しいユーザーとの関係づくりに重点を移す。一方、お客様はここから入居し、新しい生活が始まるので気持ちが高揚する。お客様の気持ちは前向きで、次の契約に照準をもっていく営業マンの気持ちは後ろ向きになりがちだ。その心理に落差があることを認識し、真剣に溝を埋める行為がアフターフォローである。

信頼を構築するプロセスが、お客様との心の距離を縮めていく。

大福帳

お客様と営業マンの心理的なギャップは、契約直後から始まる。そこからが勝負だ。

7 定期訪問の方法は百人百様

継続できる自分流は何か

定期訪問することは、顧客満足（ＣＳ）のバロメーターの一つになる。お客様からもう一度会ってみたいと言われる自分なのか？　営業マンの自己チェックになるのだ。ＣＳというモノサシで、自身の必要度を測ってみる。定期的とは連続性であり、継続性である。継続に力は宿る。

そういえば、先日お会いした税理士の先生もやはり定期性を重要視されていた。資産相談などでたいへん活躍されている方である。その先生から、毎月一回、定期的に葉書をいただく。その時々のさまざまな思いを一枚の葉書に載せてある。その効果は大きいと聞く。

ある営業マンは、お客様宅の訪問を定期的に行う時に、健康シリーズの手土産を用意する。万歩計、血圧計、握力強化ボール、なわとび用のひも、健康サンダルなど、シリーズものの手土産で定期性を保つことができる。

また、サンキュー・レターを12種類作った中堅のマンションメーカーもある。一カ月に一回、12カ月分の、四季折々の草花をテーマにした瑞々しい絵柄入りの葉書を用意した。忘れずに葉書を出すことによって、お客様もそれに呼応して返事をくれたりする。お客様と飽きない関心を持続しあうことが大事だ。

あるいは、ファクシミリを使った定期訪問をしているTさんもいる。自己のプロフィールと、お客様にとって参考になる情報、最近の市場の動向、注目して欲しい物件などを、さり気なく載せて送っている。そうしているうちに、その情報が楽しみになってくるのだ。

親しくしているK社長は、新築後、必ずお客様宅を訪問する。「いかがですか、住み心地は？」と尋ねる。ユーザーは契約後の不安な時だからこそ、大きな安心感を持つ。何かの要望があったら、それに応えていく努力をすればファンを獲得することになり、実益は高くなる。訪問は、日にちを決めた定期的なものではなく、新築後に訪問するという。行動のルーティン化である。その人がいつもそこを見回ってくれるという安心感を創っていく。営業プロセスの中で、契約の時は誰でも安心感を演出するが、契約後には、なかなかそれができない。

また、トップ営業マンのHさんは、建物を建てている段階を、お客様訪問のキッカケとして組み立てている。工事のお知らせ訪問、ご迷惑おかけします訪問、完成しました訪問、現場見学訪問などだ。行動力を発揮することで、そのエリアにある人達と情報をいき交わせる。定期訪問により、情報の鮮度をキープできる。物件およびその周りの環境も含めて、情報を常にメンテナンスすることが、生きた情報管理だ。情報にも賞味期限ありと心得たい。

いかがですか 住み心地は？
まあ わざわざ うれしいわ♡
お客様に 安心していただき たいので
契約後も 気にかけて いただけるとは いい人ね
知人に 探している人が いるのよ 紹介するわ
ありがとう ございます
カコーン
こちら Aさん
娘の 直美です
え？ 物件では ないのですか？

K店長のところでは、契約後一週間以内に、営業担当者と店長が一緒に、契約いただいたお客様を訪問する。手には、美しい花束を持って行く。その花は、豊かなライフスタイルを感じさせる。しかも、持参する花がすぐ枯れてしまっては、印象が良くない。そこで、少なくとも10日～二週間は元気さを保つ花を吟味するのに、努力を惜しまない。

いつでもそこに自分の気配を感じさせ、そのことでお客様の喜ぶ顔を見る、これが、すなわち自分が元気印になる秘訣なのだろう。

継続は難しい。しかし「継続は力なり」である。やると決めたら、少なくとも一年間は継続しよう。

8 行動する前にプラスのイメージづくり

小さな文具が大きなチャンスをつくる

営業においては、常に新規開拓を考えておく。お客様は、新規顧客と既存顧客しかいないのだから、新規開拓は欠かせない営業行動だ。新規と既存のバランスが崩れると、おのずとスランプに陥ることが多い。トップセールスを続けるには、このバランスを、意識して取ることが大切だ。

また、自分の好みに従ってお客様を選ぶと、見込み顧客の幅を狭くする。自分以外は皆お客様という気持ちで、いつも新鮮に人と出会いたい。そして紹介客こそ、自分の営業の大きな援助者になる。営業は、やみくもに攻めてばかりもいられない。自分はどういう知恵やアイデアを持って、お客様へアプローチするのかと、いつも頭の中でリハーサルや準備をする。そのためには、顧客情報をストックし、事前の段取りを考えるイメージシナリオが必要だ。顧客情報がいるのだ。それをベースに、有益なグッド情報をお客様に与える。そして宿題をもらい、つなぎ営業を展開するのだ。次のステップを示しつつサポートする。事前のプラスイメージの有無が成否を左右する。出会いの目的は、常に次に会う機会をつくることであり、その手掛かりを見つけることにある。

お客様からの信頼の厚いＩ社長は、六種類のペンを持ち歩く。使い込んだ革のペンケースには、ボールペン、シャープペン、三色ペン、またペン先の細いものや太いものなどが入っている。手に持ってみると意外と重い。なぜそんなにペンを持っているのか。Ｉ社長によれば、かつて、お客様に説明をしながら書類を書いていたら、途中でペンのインクが切れてしまったことがある。その時は、持っていた別のペンで書き継いだが、太さが違い、つぎはぎのような文字になってしまった。さらに、別の書類ではシャープペンを使ったが、力を入れて書くと、しまいにはシャープペンの芯が折れてしまい、とても情けなく思ったという。その後、もうあんな恥ずかしい思いはしないと固く決心し、いかなる時も、事前の準備として六種類のペンを入念に装備することを自分に課している。

「たかがペン、されどペンである」。こんな小さな文具でも、お客様のために役立ちたいと願うＩ社長の本物の決心は、大きなチャンスに出合うプラスのイメージシナリオづくりを確実に形成する。

営業は初動のイメージにあり。それは、ほんの少しの心がけと準備次第で決まる。

9 事前に対応アクションをチェック

段取り力の良さとは

事前対応とは、次の行動のために今何をしておくべきか、事前にその対応を考えることである。各社のトップセールスの要因として最近よく挙げられるものの一つに、段取り力のよさがある。カンや経験の営業ではなく、そのプロセスに納得の要素を交えて、コントロールする力が求められる。

成功するためには、事前対応力は欠かせない。それは、いかに確率の高い成果に向けた営業プロセスを踏むことができるかである。

物件案内でも事前に見ていないと、自信を持った話ができない。案内コースは、途中どこをポイントにして、どのように案内するのか？　例えば、すでに下見をしていたAさんは、無愛想なお客様に、物件案内の途中、車が自分の出身高校の前を通りかかった時、「ここは、私の出た高校です」と言った。お客様の目がパッと見開き、「ええ！　私もこの高校の出身ですよ」と、会話が成り立ってきた。そこから、一気に相手を近く感じ、話が具体的に展開していった。

また、車中のBGMで成約になった、段取り力のよいBさんもいる。女性のお客様が、Bさんの前もっての選曲に感心して「この曲はいいですね。私の好きな曲です」と話が進み、Bさんへの期待と安心感が増幅したのだ。

お客様の満足をわがことのように考えた時から事前対応力は生まれる。お客様は何人で来られるのか？　車の手配は十分か？　車の清掃も手を抜かない。BGMにも気を配る。また、おしぼりは冷たいのがいいのか、温かいのがいいのか。ある状況を想定して、事前にイメージリハーサルをしておく。いつまでに何をするという大きな流れの青写真を描きながら、そのつど対応する。段取りよく、お客様のYESを多くもらうために、いろいろな場面とプロセスを想定する。事前対応不足は、お客様の言葉に過剰に反応しやすい。自分のおごりや焦り、そして甘えを振り払い、事前にリハーサルを繰り返していく中で、自然な自分らしい対応力が磨かれていく。事前対応はスピーディーに行うべし。

いつも、成功へのイメージを描いておく。そして、自分自身の得意なことを営業の前面に打ち出し、想像力を蓄え、果敢に可能性へ挑む姿を脳裏に描こう。

大福帳

段取り力で差がつく。常に営業プロセスをA4判の一枚の用紙に書いてみるとよい。

10 営業エゴを捨てて、商品に信頼と愛着を持つ

物件のストーリーを語れるか

お客様の立場で考える。お客様の利益になることを考える。お客様が喜ぶことや楽しんでくれることの情報を提供する。この顧客観は不動産業のみならず、サービス産業において、お客様に最も深く根を下ろすために必要な考え方である。

例えば、洋服を買いに行ったお店から、その後葉書をいただく。そこには、「先回お買い求めのスカートにお似合いのブラウスが入荷しました」という、心惹かれるメッセージが書いてある。また、人気のあるラーメン屋さんでは、入る時から帰るまで三回の「ありがとうございました」を言って、その味に人間味をプラスして活気を創っている。ある喫茶店では、コーヒーを注文すると、そのコーヒーの由来などのストーリーをマッチ箱ぐらいの大きさのラミネート板に書いて、ソーサーの上にちょこんと乗せて出してくる。物語性のあるコーヒーは、ひときわ味わい深い。また、レストランがとても混んでいて、並んで待っている時、待ち状況について報告してくれると、先が見えてホッとする。何事においてもサー

ビスの根本は、目線・視線の配り方であり、お客様への関心のつなげ方である。

　また、商品に惚れて、愛着を持つこと。何度も何度も足を運んでいると、自然と愛着がわいてくる。愛着を持つと、相手にアピールしたくなる。信頼とは、愛着を持つことであり、多方面からよく見ることだ。情報が多面的になってくると、物件のストーリーを語ることができる。ユーザーは、物件についてよく知っていることに専門性を見いだし、信頼を持つ。それはおのずと、ストーリーを語る営業担当者への信頼が増すことになる。営業とは、信頼感の構築であり、すなわち安心、信頼、親身の創造である。

　例えば、同じ区域の不動産の販売現場で、隣同士の区画であって、A社は看板が汚れ、B社はきれいにメンテナンスしてある。雑草の伸びも違う。A社は、名前を知られた会社だが、メンテナンスがなされていないので、お客様の姿は見えない。一方、B社は、いつも目が行き届いている。お客様がどう思うかを、常に顧客の視点で表現している。だから業績も良い。「もし自分がお客なら」という感情移入ができているかどうかが、両者の大きな分かれ目となった。「お客様の視点」をいかに実践しつつ表現し、語れるか、ここを本物の強みにすれば、トップセールスマンへ一歩近づく。それは、物件と周辺環境に愛着を持てば誰でもできることだ。物件の履歴を調査し、整理して、常に語れるストーリーを持ちたいものだ。

　顧客感動をめざすK社長の言葉に共鳴する。「やはり人が重要だ。営業は人の力が6割は占めると実感する。良い商品をつくろうと各社独自に研究・開発している。それをお客様に伝えるのは営業力であ

分譲中
きれいな区画だ
ありがとうございます
前のとこは汚れてましたね
あれでは会社の意識まで疑ってしまう
この物件はこれこれでこの地域は
ほう
盛り上っていますね
主人は歴史好きで

り、人間力である。お客様に満足してもらう。皆がそのことで競い合い、刺激し合う。細かい動きを日々積み上げて、厳しい中にも、やり甲斐のある仕事を創造しないと、続かない。そういう意味では、社内の皆がＣＳのベクトルに向けて動くようになってきた。少し会社の実力がついてきた」とのことで、そのポリシーで次の段階をめざす。

お客様をどのように現地に案内し、愛着のある商品をどう見せるかは、営業の大きなテーマである。そして、一方的な自分の営業エゴを捨てて、むしろお客様からアプローチしてもらえるように、知恵を働かせることだ。知ってもらい、買ってもらうまでに、知識や行動力を総動員して多くの営業エネルギーを投入するが、アフターフォローを徹底することでリピート率が高くなり、営業マンに対する信頼感が芽生え、紹介が多くなる。結果として、仕事の生産性がより高いものになる。

信頼できる商品があってこそ、信頼できる営業を提供できるのだ。

物件に愛着を持とう。そこから生まれる実感が、物件を光らせ、説得力を増す。

11 顧客を基点とした情報収集は感性で

感性豊かな営業とは

お客様を訪問する、業者を訪問する、ハウスメーカーを訪問する、その訪問をする前に、ちょっと考えてみる。何か相手に役に立つものはないか？　顧客情報や周辺情報を収集していることで、それをキッカケに、相手との関係は一歩踏み込んだものになる。相手を知る、自分を知ってもらうことからコミュニケーション密度は高まる。

一方、お客様は驚くほどよく歩いているものだ。駅から物件までの道も、何度も何度も時間を変えて、朝に、昼に、晩に、そして雨の日も晴れの日も、平日も休日も、自分の身体で感じる物件の良さと欠点を確かめながら、悩み、発見し、夢を持ち、現実とすり合わせながら歩いている。インターネットを使って、事あるごとに物件やその周辺を確認し、不安を解消しようと必死である。やはり、ユーザーの気持ちは営業担当者に勝る。ユーザーは主体であるから、それは当然である。だからこそ、営業担当者は、感性でモノを見ていかねばならない。

感性とは、想像力である。感性とは、完成されている完了形ではなく、磨き続ける進行形であるはずだ。感性は、感じ方であり、動きであり、言葉であり、表情や動作、声である。感性は、自己表現である。そのためにも、まずは動くこと。動きながら感じ、考え、思い、整理する。感性はその人の全存在だ。

N社長は、人脈が多い。そして、信頼できる太い情報パイプを持つ。さらに、ギブ・アンド・テイクで業者さんとの関係を大切にしている。例えば、売れ筋情報を出したり、「これくらいの土地で、これくらいで売れるか」と、相談を持ちかけたり、いつも一方的ではなく、両方向の付き合いを続けている。だからこそ、土地の仕入れ情報も他より早く収集できる。現在も戸建て分譲で、不況とは無縁だ。

N社長は、一年前から夜のウオーキングを始めた。健康管理を自分に課している。それでも、歩き始めるのが嫌な時もあるそうだ。しかし、10分も歩くと、不思議と「もっと歩こうと思う」と言う。歩くことが、楽しくなってくる。あと少し、もう少しと、自分を楽しませることが、愉快な〈ウオーキング・ハイ〉なのだ。まさに行動することで気分を引き出し、気持ちを高めていく。そして楽しくなる。この境地こそが、顧客基点の情報収集のベースとなる。

大福帳

歩き続けると新たに楽しみが生まれる。楽しくなるからまた継続する。この好循環をめざそう。

⑫ 粘り強さが長期的関係をつくる

瞬発力と持続力の相互関係

営業において、常に潜在的見込み客を育てる意識を持っているかどうか？　自分以外は皆、お客様であるという発想をすることで、仕事の仕方は大きく変わる。良好な人間関係を続けるには、工夫や知恵が必要だ。営業の今には、瞬発的な行動力と思考力が求められる。反対に将来に安定的数字を生むためには、継続的・計画的な粘り強いプロデュース能力が重要なカギとなる。

その仕事を腰を据えてやる、覚悟を決めて自分の営業と向かい合った時、そこから見えてくるものがある。常に、逃げを打つ営業は弱い。実際に行動して、それがダメになって、自分の振り子の振り幅が小さくなったり、成功して大きくなったり、自分に一番合う振り幅を体の感覚で知る。

自分が、どのレベルで達成したと思うのか？　その人が思う自己実現のレベルで、その目標設定は決まる。やはり、営業は自分の生き方を反映しているので、納得のいく生き方をしたいと切に思う。

I社長は、先日、20年前に自社を通して家を購入されたお客様から大変感謝されたという。その物件は、購入当時は、自宅前の道路との関係では、セットバックは新築時にすればいいというものであった。そして今回、その家を売却することになった。お客様が役所に聞いたところでは、前面道路は、売却に際しては近隣の承諾印がいる道路に変更になっていて、困り果てているとのことだった。そこで、自社の売買物件の履歴を調べたところ、その物件の20年前の重要事項説明書に、日付と役所の担当者名および確認の内容が記載してあった。I社長の会社では、法に定められた重要事項説明書に記載するべき事項以外にも、5W2Hで、特に相手方とのやり取りや、物件にまつわる記録を記載するようにしていた。それが、今回このような状況で役に立ち、結局、20年前と同じような判断で、道路の件は解決したという。そして、相手に元気を与えるように心がけていると、必ず相手から仕事や契約が返ってくると話す。

お客様に対しても長期的関係の構築が欠かせない。現在、過去30年分の売買記録の履歴を、分かりやすく、その時の金額や、業者名、売上げなどを整理して、詳細にパソコンに入力し、活用している。あくまでも深く、こだわりを持って、営業スタイルを構築している。

お客様は納得レベルを高めたいのだ。もう一歩先に、お客様は、粘り強く心を開いて待っている。

13 商品について学ぶ、お客様から学ぶ

学びの不足が業績低下を

どんな状況でも、勉強する気持ちを忘れずに臨みたい。新しい事柄に挑戦する時も、業績好調の時も、不振に苦しむ時も、悲しみの淵にいる時も、学ぶ心が自分を助け、励まし、強い心を創る。

営業においては、商品勉強が欠かせない。自社商品と他社商品の特徴は何か、環境も含めて、物件の魅力出しをし、違いを知る。売れている物件は、なぜ売れているのか、その理由を探る。売れる物件の写真を撮って、それなりの理由が自分でつかめれば、次の商品企画に生かせる。自社の商品を好きになる。だからこそ、良い商品、つまり本物を創る。他社商品を勉強する。モデルルームに行く。動線・視線、お客様がどこに一番長く留まっているか、よく観察するなどなど。

また、お客様に関する勉強も欠かせない。お客様との第一次接触から、契約に至るまでの道のりは長期化している。そしてチラシでの反響率は、ますます悪くなってきている。不動産の情報量が多くなるほど、一枚当たりの広告効果はダウンする。これからもお客様の厳しい選択眼は続く。だからこそ、話

をじっくり聞く。そして、最初の出会いの場で、きちんと聞くポイントを押さえておく。どの物件チラシを見たのか、物件のどこに関心を持ったのか、その理由などを親身に聞く。そうすれば、二回目以降の調査などの事前準備が整う。また、依頼を受けている売り顧客には時折、取引事例をグラフ等でビジュアル化して、分かりやすく説明することも効果的だ。第一印象づくりから一つずつ信頼形成の歩みを、長期的なスパンの中で着実に進めていくのだ。

学びの不足と、マイナス思考が重なれば、業績も当然下がる。例えば、①思い込みが強く、独断で自分勝手に判断する。②想像力が欠如している。③総じて、出た結果に責任感が薄く、いつも仕方がないと総括する。それは、お客様に向けた対応力（ＣＳ）ではなく、自分に向けた対応力（ＳＳ＝Ｓｅｌｆ Ｓａｔｉｓｆａｃｔｉｏｎ）で、自己満足に浸ることになる。学ばないので、自分で反省・改善する視点に立てないのだ。

学ぶことは、私たちに与えられたチャンスである。キツイ時こそ、一歩高い目標をおく。失敗して、トライして、そこから見いだした力が、感性を磨いてくれることを心に留めながら、歩き続ける。

学びを深くする営業マンは光を放つ。
お客様のすべてが勉強になる。

14 「フット・イン・ザ・ドア」――まず小さな〈YES〉から

自然にドアを開ける心理的法則とは

新しいプレゼンテーション・スタイルに関心を持ち、テストすることで、時代の変化に適応した顧客目線を持つことができる。いかに優秀な人材がいようとも、いかに素晴しいオフィスビルを建てようとも、お客様がソッポを向いたら会社は潰れるということは、当たり前の事実である。だからこそ「伝える」「知らせる」というプレゼンテーションの仕方は重要であり、常に洗い直すことが大切である。もっと分かりやすくするには……、より身近に感じてもらうには……と、自分のやり方がマンネリにならず、他の営業方法にも興味と関心を持って柔軟に取り組む必要がある。

物件調査をする場合でも、ただ物件を見てくるだけなのか、それと同時に、周りの空き地（空室）も一緒に見てくるのか。一つの仕事で効率を上げる「ついでの営業」や、一つの情報から次につなげる情報を見いだすことで、営業は深まっていく。

例えば近隣に犬がいる、ピアノの音が聞こえる、同じ名前の表札がある、近くの人から話を聞くなど、周辺の情報を取ることで、そのターゲットへの絞り方も核心に近づいていく。だから、営業もその周辺の情報を知ることで、営業方法を修正したり、立て直したり、あるいはターゲットを絞り込むことができる。訪問拠点は、情報拠点であると心得たい。

勝つためには、まず他の営業マンのやり方を知ることだ。自分の狭い方法論の中では、営業世界は広くならない。業績が落ちている時は、営業の幅を広げてみる。そこで、従来の方法を変えてみたり、あるいは他の営業マンのやり方を知ることで、新しい工夫や改善もできる。その中から、営業の打つ手は無限にあると実感する。そして、一歩踏み込んだ営業となる。補いあったり、情報のやり取りをしたり、勉強しあうという営業のネットワークを持つ人は、人脈の広がりを感じる。仕事の仕方、地域への理解、情報の深さ、広さによって、提案力が増してくる。

お客様に、どういう形で情報発信するのか。静的情報も、動的情報も、情報だ。黙って何も言わず、そこに居ることとさえも、何らかのメッセージを伝えている。ならば、プラスのイメージを発信することだ。特に地域密着のファーミング行動は、口コミの大事さを意識することにより、次の数字が読める紹介営業につながる。地域に密着すればするほど、口コミは広がる。良い情報より、悪い情報のほうが早く伝わる。まずプラスの口コミを創造する。その累積効果が大きいのだ。

「フット・イン・ザ・ドア」といわれるものがある。段階的要請法を意味し、初めの小さな依頼を〈ＹＥＳ〉と受け入れたら、その次に大きな依頼をされても受け入れるのだ。これは、最初にドアを開けたことが、次なるドアを自然な形で開けることになる心理的法則である。

いいところですよ
どういうところなの？
YES
ご近所には太がいてピアノの…
環境はどうだ？
YES
静かでスーパーが10メートルのところに
よく調べてあるね
YES
太られました？
契約ってことだ
YES

営業においては、まず小さな〈ＹＥＳ〉を生む会話や質問をしてみる。例えば天気、故郷、趣味や家族のことなど、最初に、お客様に自ら〈ＹＥＳ〉と言わせる話をするのだ。それは、物件そのものの話だけではなく、むしろ、物件以外の話が大半を占めるという、トップセールスマンの言葉がそれを裏付けている。小さな〈ＹＥＳ〉（一部承認）を積み重ねることで、相手が心のドアを開いてくれたら、契約という大きな〈ＹＥＳ〉（全部承認）に向けて、確実にステップアップしたことになる。

お客様の心をつかむプレゼンテーションの方法は、常に研究を怠らず、良いと思うものは取り入れてみる。いつでもクロージングの気構えで、顧客関心力を発揮する。どんな〈ＹＥＳ〉を積み上げるか仮説→検証を繰り返し、確度の高い顧客掌握をめざしたい。

大福帳

営業は、いかにお客様の心をつかむかである。小さな〈ＹＥＳ〉を積み重ねて心のドアを開けよう。

15 トップセールスマンには紹介連鎖の花が咲く

きっかけをつくる「バズコール」

ユーザーからの紹介が多い営業であれば、お客様からの信頼は本物である。すべてにおいて、自分の意識をどこに向けるかが大切だ。お客様に対して好感の持てる接客をすることも、多くのファンを獲得することも、明るい自分自身を表現することも、お客様のニーズに関心を持つことも、そして契約後に紹介をもらうことも、すべて意識を持って事に対応しているかが常に問われ、それが結果を生む。

紹介依頼は、すでに初対面の第一次接触から始まっている。営業成績が出ない時に慌てて過去のお客様を訪問し、紹介をもらおうと思っても、そう都合よくいくはずがない。紹介が自然な結果となるような日頃の営業プロセスの管理＝顧客管理が大切となる。AさんからBさん、BさんからCさんと紹介が続いてこそ、紹介の連鎖（これをZ市場という）が完成するのだ。

あるトップセールスマンと、車の販売のトップセールスマンとのビジネス関係は、非常に興味深いものだった。二人とも決して自分の商品を買って欲しいとは言わない。しかし結果として、それぞれの商品を購入したうえに、お互いに七人ほどの紹介を重ねたのである。それはトップセールスマン同士がお互いに、相手の商品と人柄を売ったからに外ならない。つまり、その人が何を望んでいるか、その人のしたいことに、自分が協力してやればよいわけだ。

紹介につながる営業には、種をまく行為が必要だ。例えば、お客様へのアプローチを強めるために、ときどき葉書を出す。お客様が反応しないからといって、待っているのではダメ。反応しないという前に、こちらから仕掛けを創る。その一つのヒントが「バズコール」である。これには、モーニング、ハッピー、インフォメーションの三つのコールがある。朝、営業に出掛ける前に、三本の電話コールをする。お客様や身の回りの何かうれしいことや、お祝事があれば、その日にお祝いの電話やメールを出す。お客様に役立つ情報があれば、それを電話で知らせる。直接にフェイス・ツー・フェイスのコンタクトができない状況である時には、これらの間接的な接触も有効となる。自分以外は将来の見込み客・紹介客になり得るのだという信念を持つのだ。そして、計画的・定期的に関係性を持続すれば、紹介連鎖の花は開く。

明日に希望の花を咲かせる営業マンは、紹介の連鎖をめざせ。

16 お客様の納得を感動にまで高める営業

積極的なセールスヒアリングを

セールストークからセールスヒアリングへ自分の営業スタイルを転換しているかどうか。お客様の納得度を深めたいと思うと、必ずこの問いに直面する。ただ黙っていることが聴くことではなく、積極的に聴くためには、次の二点をモノサシにすると良い。

①良き聴き手は、良き質問者である。的確な質問をすることが、相手の話を引き出す。そのためには、相手が直前に話した言葉を繰り返す。復唱・確認することで、より相手に近づく。相づちを打ち、驚きも交えながら、話を続けたいと思う雰囲気を創る。

②さらに、相手を納得させる聴き手は、キッカケづくりの上手な人でもある。会話の中から、あるいはその人の容姿を見て、スポーツマンタイプだとか、ユーモアのある人だとか、似合う色が目についたとか、とても器用な手つきだとか……、相手に関心を持ち、想像力を働かせる中で、何か相手に近づくキッカケを見つけ、探り当てていく。

相手の好きなこと、興味あることを質問すると話は弾んでいく。そして、相手の言った言葉で復唱する。いくつかの質問を投げかけながら、その興味と関心に照準を当てて、絞り込みながら、話の核に迫っていく。聴くためのスキルを磨くことで、ヒアリング力が育まれ、お客様に「話を聴いてもらって良かった」という納得の道筋を示すことになる。

実際に不動産仲介においても、新築販売と同じように販売スケジュールを立てて販売し、お客様から好評を得た例がある。広告媒体と投函チラシのバランスを取り、そのキャンペーンにかかる費用を一覧にして、購入層を想定する。新規あるいは買い替えのそれぞれのメリット、デメリットを明確にしながら、販売に傾注する。つまり、仲介業をより見える形で提供し、お客様の信頼を勝ち得たのだ。

また、納得のためにはお客様自身もかかわったという想いが大切である。売主が作成したメッセージも、入居中のオープンハウスも、何らかの形で自らがかかわっている意識を創る。自分が関与したことへの関心は強く、共感を持つ。つまり、お客様の納得のために、まず想定される青写真をつくる。それを一つずつ確認しながらクリアすることでお客様の納得を得て、さらに感動につなげてこそ本物だ。

大福帳

セールスヒアリングの時代に入った。アクティブリスニング（積極的傾聴法）で、コンサルティング能力を磨こう。

17 チャンスを逃す「そのうちに」

マメな営業の中に見えてくるもの

山積みしている仕事を思い、「そのうちに何とかしよう」と思う。お客様との交渉は、なかなか決まらない。一般媒介の土地だったが、そのうちに、と思っていたところ、他社で契約になったという。その旨をお客様に連絡すると、「買うつもりだったのに……。なぜ、もっと早く言ってくれなかったのか」と、本気の刃で問いただされる。

また、自分の思いどおりに営業が進まないと、お客様とのコミュニケーションの継続がとぎれる。すると、営業の関心が、そのお客様から新しいお客様に移ってしまう。初めてお会いするお客様は、知らないからこそ淡い期待がわき起こる。しかし、「そのうちに」の気持ちは、ニーズをうかがい、よく知り合った後の実感ある可能性を自ら打ち消してしまうことになり、あきらめ感が出てきてしまう。

何にしても情報の不足が、自分の心を弱くする。顧客情報という情報の基盤をしっかりと掌握する気概でお客様との接点を広げることで、物件そのものでなく、情報でつなぎ営業していく手がかりを見つけることができる。さらに、物件情報を広角的に把握していないと、営業行動のスピードが下がる。そのためにも、物件下見が少なかったり、近隣情報が少なかったり、ましてや地域の地理に疎かったりすると、物件情報の基盤が揺らぐ。

お客様とマメに接触する。ニーズの確認を通りいっぺんで終わりにせず、その背景をうかがいながら再確認してみる。物件情報をメモやデジタルカメラを活用して、ビジュアル的にも記録する。そのようなことを課題としながら日々営業に向き合うなかで、見えてくるものがあるはずだ。

「そのうちに何とかなる」と思っても、何ともならない。「思ったら、今、何とかする」という意識が、事に当たる姿勢を決める。時間が経てば、確かに契約のチャンスは減る。営業もその努力を実らせられないが、お客様にも実りがない。お客様の夢を描いたライフシーンは、小さくしぼんでいき、夢が消える。お客様の「……したい」という願いのつぼみを、ふさわしい花として咲かせてくれる、そんな営業の人に出会えたら幸せだ。

「そのうちに」と言っている間は、決して何事も成らない。「感即動《かんそくどう》」である。

18 元気の出る色を身に着けてみる

営業哲学「明《めい》元《げん》素《そ》」とは

青空はいい。青い空に向かって、大きく深呼吸をしたくなる。木々の緑の葉が陽に透けて美しい。やさしい風に葉々が揺れて心をくすぐる。そうか！　青空を目にする時は、顔を上げているんだな。下を向いていていては、見えないのだ。

日々の忙しい仕事の中にもやっぱり、リラックスする時を持ちたいものだ。まずは、身体の柔軟性からだろう。ずっと同じ姿勢では、首も肩も凝ってしまう。たまには体操してみよう。大きな大きな地球をなぞって、腕を前から後ろに回しながら、大きな丸を描き、肩も回す。右腕、左腕と、片方ずつ二・三回やってみると気持ちがいい。また、首もスイング体操してみよう。背筋を伸ばして呼吸をしながら、首を前に後ろに、右に左に曲げたり、首を回したり、動かすことで、楽になる。体がリラックスすれば、心もほぐれてくる。

水も流れがあるから、魚が住む。流れが海流となり、激流となれば、またそれが魚を美しくする。人間も自然の一部である。人は、欲求の主体であり、行動の主体でもある。物事は、自分の思ったイメージどおりの結果を生じるという。いかに思うか？　何を思うか？

毎日が新しく「今日を創る」という意識を持ち続けることから、新しく何かに出合う可能性が生まれてくる。そして、営業哲学として、「明元素《めいげんそ》」を考え方や行動のモノサシにする。明るいイメージ、元気な振る舞い、素直な対応、この三つの頭文字をとって「明元素」だ。自分を励ましてくれるキーワードとなる。

悩んだり、苦しんだりする時は、むしろ動きをつくる。身体を動かす。そうすることで、自分の心のエネルギーを備蓄する。自分を楽にすることが、他人をもリラックスさせることにつながる。気持ちの乗らない朝は、洋服、シャツやネクタイ、あるいは小物の色を、自分にとって元気の出る色にしてみる。そんな小さなことから自分の心を決める。小さなことの積み重ねが、ある日のハイテンションの営業シーンを創り出す布石となっていくだろう。

苦しい時こそ「明元素」で振る舞うことだ。そうしていると、自信と愛着とエネルギーがわいてくる。

19 お客様も人間だ！

感受性を働かせてお客様の心をつかむ

朝、歩きながら道端に咲いている草花が雨に打たれているのを見て「キレイな草花だけれども、実に寒そうだ」などと、声をかけたくなる人もいる。かと思うと、一方、それは単なる目に映った景色でしかなく、何の感情や心の動きも起こらない人もいる。また、水槽で泳いでいる小さな数匹のメダカの群れを見て、そこに愛情を注ぎ、いつも声をかける人もいれば、ただ即物的に「数匹のメダカが泳いでいるだけだ」と、感情のない写実的な表現に留まる人もいる。人は様々だ。営業マンも様々だ。

営業の世界では、お客様のニーズをしっかりと把握することが、結果的に自分の提案が生きるかどうかの重要なポイントである。それが不適切であれば、客観的にどんなに高額で魅力的な物件であっても、お客様の心を捉えることはできず、購入してもらうことは困難なことなのだ。お客様も人間である。それは感情を伴った人間である。喜怒哀楽の心の動きのある人間なのだ。

不動産を購入するということは、一生のうちにそんなに多くあることではない。せいぜい一つか二つである。そのような時、お客様は大きな決断を自らに強いて為す。その期待と不安の入り混じった心の揺れは、実に大きいものがあるのだ。人生を賭けた振れ幅の大きい、しかも密度の濃い喜怒哀楽の感情が噴出する時でもある。そのような時こそ、お客様は担当する営業マンに、より共感的な理解を求めるのである。「自分の悩みを分かってほしい。」「本当に自分がこの物件を購入して解決したいところは、ここのところなのだ。今、購入して自分はいいのだろうか?」などと、お客様の言葉の奥底に潜む幸福感や、人生の価値観に触れるようなことができなければ、真のニーズの把握にはならない。

現在、不動産営業に求められるものは、単なる事実ベースで話を展開したり、資料やデータで客観的に無表情に説明すればよいというものではない。それでは、お客様の納得性は高まるであろうが、それだけではお客様の心は動かない。ましてや、契約に至るなどはできないことなのだ。お客様の心が動くのは、やはり私たちがそうであるように、情であり、共感の心である。それを私たちは「感受性」と言っている。

例えば、訪問した時、手厳しく断られないために、お客様が自分を迎えてくれるところだけを訪問する。あるいは行きやすいところだけを訪問する。無意識に逃げる。既存客訪問という名を借りてテーマのない安易な訪問を、実はお客様も望んでいない。逃げないことだ。逃げるということは、お客様との心の架け橋である共感の心、すなわち自分の感受性を否定することにつながるのだ。勇気を出して、前に前に、それは最も営業マンにとって大切な感受性を磨く行動でもある。

やはり、これは営業のみではなく、何事にも通じることである。感受性が働く。そのためにも、健康でなければならない。心身が健康でなければ、前向きにトライする意欲や行動が生まれない。すなわち、視覚、聴覚、触覚、味覚、嗅覚の五感覚＝感受性がフルに発揮できないのだ。これらの感受性を持つとは、結局お客様のニーズや心を全身で受け止めることである。

大福帳

逃げない営業！が自分の感受性を磨く。

第二章

固定観念の打破

1 まず接触件数を増やすこと

流れを呼び込む成功法則とは

〝いい流れは必ずやってくる〟という一言に励まされる。誰にもある落ち込みの気持ちから浮上するには、〝いい流れはやってくる〟と思い続けることだ。それをつかむためには、前向きであるかを改めて自分に問うてみる。

「仕事に行き詰まったり、時間が空いたりした時はポスティングをしている。事務所内での電話は、煮詰まってくることもあり、それよりも動いて、外の空気に触れたほうが、何か感じることがある。それを大事にしている」。これは、女性営業Nさんの言葉だ。彼女はヒールを履いて、出掛ける時はデジカメを持参し、必ずポスティング用のチラシの入った袋を提げている。ちょっとした空き時間を利用して行う。今すぐ手数料になる仕事と、受託するファーミングとのバランスを取ることが、継続的に数字を上げる基盤である。日々忙しいと、ついファーミング活動ができず、フッと気付くと仕事がなくなっていることがある。できる人は、一つのことに集中していく時こそ、意識して仕事のバランスを取る。

また、いい流れをつくるには、少なくとも二つの成功の公式の手順を踏むべきだと思う。

一つは、知ってもらう↓買ってもらう↓喜んでもらう成功サイクルだ。モノが売れにくくなってくると、つい「買ってもらう」ことだけに集中しがちだが、こういう時こそ、「知ってもらう」こと、つまり情報発信から行うと良い。お客様に、より近づいていく方法に徹することで、感じる力が深くなる。「喜んでもらう」ために既存客のフォローも重要だ。訪問（接触）件数を多くする。出会いをつないでいくことが、この仕事の面白みでもある。

二つめは、販売において徹すべきシンプルかつ重要な原則、「成約件数は、見込み客件数に比例し、見込み客件数は接触件数に比例する」という成功法則である。結局、成約件数を上げるためには、見込み客件数を増やし、そのためには接触件数の質量を高めることに尽きる。「もう一度会ってみたい」「何かいい情報を持ってきてくれる」という期待と予想を抱かせる、そんな接触を心掛けるべきだ。

うまくいかない時もある。そんな時は、ネガティブになるのではなく、ポジティブに、どんな小さなことにも努力を惜しまず、コツコツと、まず接触件数を上げることに意識を集中しよう！

営業は「知ってもらう」ことからスタートする。結局、成約件数は接触件数の質量に比例する。

2 営業日誌は絶えず読み返す

記録が語る成功・失敗の要因

「日頃の電話の声に耳を澄ませている」というのは、ある営業マネジャーの営業社員把握術だ。営業マンが落ち込んでいるか、活気があるかのシグナルは、必ず電話の声に出るというのがK店長の実感だ。そこで、気になった社員には注意を払い関心を向ける。誰か一人は自分を見ていてくれる人がいる、その気配を感じさせるように努めているという。

また、Y部長は、朝、出社してくる社員の第一声に、営業社員の心の有り様が出るという。その視線としぐさの奥に隠れた社員の無言の語りに、耳を傾けるように自分の感覚を研ぎ澄ます。タイムリーに声を掛けたり、ある場合には同行同席をするのだ。マネジャーは、営業日誌に書かれていなくても営業マンの声と顔を読むのだ。

一方、自分で自己チェックする行為も、自分をうなずかせて、次の仕事のエネルギーとなる。日々の行動は、プラン→ドゥ→チェックを繰り返す。計画と実行した結果の差異を分析することで、自分の仮説を検証することができる。営業日誌では、前日に翌日の行動を立てる。攻めの行動と事務処理などの守りの行動があるが、攻め、すなわち、お客様と接触することに、一日の行動の七割を使いたい。できたことと、できなかったことを自分でチェックして、何か工夫できることはないか、時間を短縮する知恵はないかを考え、次の予定を立てる。さらに実行に移し、最終目標へ、日々新たな気持ちで取り組む。だから、営業日誌は、絶えず読み返してほしい。

仕事もプライベートも何もかも、時間配分が大切である。その場その場でのプラス・マイナスもあるが、せめて一週間ぐらいの中で帳尻を合わせる程度に考えることで、自分にプレッシャーを与え過ぎない工夫もいる。どんなふうに優先順位を立てて、どんなふうに集中してやるのか。「大変だ！」というマイナスの心の洗脳をやめて、楽しむ方法を考える。ビジョンを持って、それに向けて目標を一つずつクリアしていくことを考える。

日々の営業には、結果とその原因がある。成功するには成功する理由が必ずあり、失敗には失敗の原因が潜んでいる。それらの「なぜ」を蓄積していく良き習慣を身につけ、自らの営業観を深くしていく。

営業日誌を読んで「なぜ」と「理由」を蓄積する習慣を。

3 自分を納得させる自己管理

行動に移すのは、実は難しい

「自分に厳しく、他人に優しく」とは、よく口にする言葉だ。ビジネスに限らず、どの道であろうとも、その事を極めようとするなら、「自分に挑戦、自分に克つ」ことを抜きには語れない。自分では知っているつもりのことや、頭では分かっていると思うことを、毎日の行動に移していくのは、本当に難しい。

営業の基本は、実践することである。人は悩み、何とかしたいとの思いがないと成功しない。そうでなければ、打つ手は見いだせない。営業は、自分に実感することがないと続かない。行動しているからこそ実感を持つ。

ヒアリングにおいても、お客様が一人一人、違った情報を発信しているのに気付かずに、それより「これがいいですよ」と、自分の側の情報のみを伝えている時、独断で対応した時に、お客様の心は離れる。最終的には、お客様が決めるのだ。営業として、受け入れようという姿勢を表すことが大切だ。

お客様にとって、もう一度会いたいと思われる営業をしないと、ますますチャンスは減る。いかに、専門性が高くとも、サービスマインドを併せ持たないと光らない。日頃のサービス観が営業にすべて出ているのだ。

商品企画の分野からお客様視点の実現を追求するNさんも、ハードな仕事の合間のリラックスタイムに、よく自分を振り返り、自分と仕事の距離感やバランスを考えているという。「いいのかな？」しかし「これでいいんだ！」というふうに、どちらかといえば、自分自身を納得させるQ＆Aを繰り返すことで、仕事を続ける気力がわき、やり甲斐を実感する。だから、自己管理（セルフコントロール）とは、「私が……」という、自己が主体となる行動の創造である。自分が積極的に選択したと思えたなら、行動のエネルギーは増幅するはずだ。

いろいろな人と会う機会を多くして、その話の中でヒアリングをする。「自分が仕事を続けていくモチベーション（動機付け）は何か？」という質問をしてみる。その答えのいくつかを挙げると、「お客様に喜んでもらった実感があるから」「いつも目の前に、未知のテーマが用意されているから」「今しかない。だから、今やれることに全力を傾けられるから」などである。

ある住宅販売会社の女性のN営業部長は、毎日夜が遅い。それで、ずっと実行できないのでストレスになっていたゴルフの練習を、意識的に夜中にやってみることにした。一度帰宅して、簡単な夕食を済ませて、夜中に出掛けることで、時間についての意識を変えてしまうのだ。すると、むしろスキッとしたと語る笑顔が清々しい。そして、ガーデニングも趣味なので、休みの日は、庭に出てハーブを育てる

ふう、
ストレスで
モチベーション
上がらない
……
これでは
お客様に対して
失礼だわ
よし！
何かをして
自己を
高めねば
ゴルフに
挑戦
気分壮快
気力
体力
知力
充実
次
行くわよ
部長
かんべん
してください
明日
早いんで…
BAR

時間を大切にしている。

また、営業のＭさんは、夜帰宅後２００回の腕立て伏せを欠かさない。それを続けることが、プライベートな目標として、忍耐力に磨きをかけている。

あるいは、Ｙマネジャーは、お客様に一歩近づく行為を恐がる部下に、指導の手を緩めない。お客様の懐に飛び込んでみよ、とゲキを飛ばす。だからこそ、いつも自分は部下から見られている意識で仕事に向かう。

このように、体力・気力・知力を調和させ、その中に意識して立つ。行動して、契約して、人に学ぶ。自らが立てた目標に積極的に向かい、達成することこそが何よりも楽しい。楽しいからこそ、十分に自己を納得させることができる。

自分流の自己管理法を身につけるのがプロである。

4 可能性への挑戦意識・Try & Do

決断力を鍛える

期待を持ち続ける、これは能力である。「もうだめだ」ではなく、毎日果敢に挑戦し続けること、飽きることなく新しい出会いを創造することは、自分に課されたハードルである。

ある会社のトップ営業マンは、例えば、購入後のお客様の関心事である費用関係について、契約の時には、すでに最終残金や諸費用の金額何百何円の単位まできちんと出して提示し、大きな安心を感じさせている。そして、お客様に〝○○さんでないとダメ〟と言わしめる。そのために、司法書士の先生とも、携帯電話でいつでも連絡を取れるようにして協力しあっている。

お客様の表情を見て、表現スタイルを知り、お客様の生の声に近づいていく。もちろん、フェイス・ツー・フェイスの直接の接触が望ましいが、日中に不在のお宅も結構あるので、葉書や電話やファクシミリ、メールなどの間接の接触も積極的に取り入れたい。

また、日々の営業行動から成果を出すことは簡単ではない。しかも、その成果をずっと継続させるのは、並大抵の努力ではない。一点に集中する営業と、掘り起こしをする継続的営業とは、相反するようだが、うまく力を織りなしながら、バランスのとれた営業をすることで、自分の行動の基盤を広くし強化することができる。

私達にとって、常日頃から小さなことの決断をする訓練は大事だ。小さいことでもあえて意識して、自分で決める。何を食べるか、どこに行くか、何を見るかなど、毎日の生活を通じて、小さな決断の練習をする。その積み重ねの上に、大きな自己管理という決断がある。どんな困難な壁にも背を向けず対峙する。走り出す前から「もうダメだ」と思って走るのと、「必ずできる」と思って走るのでは、おのずと結果は違ってくる。「できる」と自分が意識することで、やれる可能性は広がる。

人は一人では生きられず、人との関係性の中にある。だから自分を確認するためには、他人の存在が必要だ。そして自分の目標に出合い、自分の心が枯れないように水をやり、手間をかけて、心のうちにわき出る泉の水をたたえるのだ。自分の可能性をあきらめずに探り続けるＴｒｙ＆Ｄｏのプロセスこそ、自己を成長させていくカギとなる。

小さな決断の積み重ねが明日を開く。能力とは可能性である。可能性への挑戦を捨てるな。

5 プロであるための三つの意識

成約率の高い営業マンとは

成長していると実感するプロセスがある時、人は楽しい。根本にあるのは自己実現だが、お客様に感謝されたり、評価されることは、自分が成長しているという実感の裏付けになる。そんな人ほど、マメな動きや評価される行動をしている。本当のプロとは、継続して安定的に数字を出している人達である。人は誰でもスランプに陥ることがある。だからこそ、常に学ぶ姿勢が求められる。どんな場合でも、楽しくやりたいものだ。それには自分なりに楽しむ方法を持つことだ。人は、出会いと体験した場面の数によって、人間の幅を広くしていく。営業は人である。つまり、ヒューマンパワーが重要視される。営業に対する見方を狭く持たず、イメージを広く持つ。

結局、営業マンの仕事は成約である。そのためには、お客様に喜んでもらう営業を行うことが近道だ。何を見据えて、何を基本にやるのか？　今日の動きそのものが問われる。いかにお客様のいる方向へ顔を向けるかである。儲かっている企業は勢いがある。儲からない企業はお客様に向かっていない。お客様に関心を持ち、そして、お金を稼ぐことを通じて、自分を成長させることが、本当のプロである。

そこで、プロ意識を持つためには、三つの意識が求められる。

①目標意識……何事においても成そうとすると、目標と期限がある。中途半端ななかからは、曖昧な答えしか出ない。そうしたいと思った人しか、結果に結びつかない。ゴールが決まっている時、それに向けてどう動けばいいのか？　そのために自分の目標を明確にし、何をいつまでにするかを考え、ゴールに向かって、力を試していく。

②問題意識……現状をこのままでいいとあきらめることなく、改善、改革の目を持つと、おのずと問題意識が芽生える。それを解決すべき問題と認識した時から、すでに解決の一歩を踏み出したことになる。常に柔軟に変化に対応しようとするなら、問題があって当たり前である。問題意識を持ち、変化に対応し、変化を創る人を、今、企業は求めている。

③当事者意識……主体は自分である。そして難敵は結局、自分自身ということだ。自分が何を感じて、どう考え、どう動くべきか。その行為がお客様のニーズをくみ取り、市場を創造していく。

大福帳

成長する営業マンは、目標意識・問題意識・当事者意識が明確だ。

6 信頼のブランドづくり

閉塞を打ち破る発想の転換

時代は常に変わっている。今まで良かったことでも、時とともに変わっていくことがある。しかし、時が過ぎても不変のものがある。例えば、お客様との信頼感の創造がそうだ。お客様との関係を本物にするかどうか、言っていることを実行しようとする熱い思いがあるかどうか、主体である自分が、それらを行動レベルに落とし込んで、信頼を構築していくか、これらの行為は不変だ。

柔軟な発想で、物事に取り組み、今までと同じ市場にありながら、新しい切り口でビジネスを発想している人に出会うと、新鮮な驚きと、考えの深さに感銘を受けるものだ。

K市は、人口11万人の東京近郊の都市である。そこに密着したA社の社長は40歳前半で、10年ほど前に独立し、仲介のフィービジネス中心の会社を興された。A社は、そのエリアに同じものを二つとはつくらない〈シリーズレス・マンション〉という考え方で、オーナーの自尊心を高める建物を供給している。そして、入居率の高いことを徹底してアピールし、それを評判にする。賃貸住宅において、数年前より家賃保証のシステムを廃止した。空室を前提とするのではなく、まず実質上、空室ゼロを目指していることを強みにしている。都内の建築家との共鳴的出会いを創り、デザイナーズ・マンションを供給する。土・日曜日に現地見学会（展示会）を３回実施し、３００人を集客した。５棟を超えてからは、次々と予告看板（畳２枚分の大きさ）を立てていて、これの問い合わせや反響は大きい。

地方において、実にユニークでアイデア豊かな動きが目立つ。そこには真剣に学ぶ本気の経営者の姿がある。A社の営業は、「ご挨拶営業」に特化している。「ご迷惑をおかけします。何かあるといけませんので……」と、物件が完成するまで、10回ぐらいは近隣に挨拶にうかがうという。4～5回訪問すると、「堅いねー」という評判が根付く。また、町内会の会長や顔役の方にマメに顔を売ることの効果は絶大である。

また自社名のプレート風看板をオリジナルブランドとして現場や完成した物件に掲示し、次第にそのエリアに蓄積していく。大切な看板のデザイン、高さ、色合い、仕様などにエネルギーを注ぎ込む。営業マンは、毎朝、その看板をていねいに拭くところから仕事がスタートする。

K社長は、自分もブランドの一つであると考えて、多次元接触を積極的に試みる。徹底して入居者を選別させてもらい、安心感、信頼感を生み出す。入居者をゲストと呼び、オリジナル性を追求している。目に見える具体的なものづくりから、目に見えない暮らし方のコンサルティングまで、熱心な研究と迅速な行動が生み出すフィービジネスで、この時代を凌駕《りょうが》し続ける。

このような取り組みは、各地で実践されている。S社では、お客様からのクレームを、叱られたこと

わが社もお客様の声をHPにのせてはどうでしょう
それはいいわね
どうせならクレームや叱られたこともの せては？
それはまずいよ
いえ発想の転換よ
仕事でも発想の転換が必要です
アクセスが増えました
評判です
私の悪口がのってたわ…

としてホームページで公開している。事例とお客様の声を掲示し、その結果、どう対応したかを記載してある。もちろん「お客様に褒められたこと」もあるのだが、叱られたことを載せるのは、大変に勇気がいったはずだ。だが、それを情報公開することで、逆に、お客様の安心と信頼を勝ち得ている。

また、総合管理のR社では、入居者同士が緑の手入れをすることによって一体感のあるコミュニティづくりをする手伝いをしたり、入居された時のパーティーを裏方としてサポートしたりしている。また、マンションの空き地に「白くて可憐なすずらんが咲きましたよ」などのメッセージを、時折伝えることもしている。

良い情報や、良い人に出会えるかもしれない。そんな期待と予感をお客様に感じていただけるようになれば、自然とリピートのお客様が増えてくる。信頼感が生まれれば、紹介という実を結ぶ花も咲いてくる。

発想の転換をすることで、打つ手は無限にわいてくる。

7 失敗から学ぶ成功シナリオ

気を抜くと罹《かか》りやすい五つの病気

失敗から学んでいるだろうか。気を抜くと人が陥る五つの病気があるという。それは、①甘え、②依存、③うぬぼれ、④マンネリ、⑤逃避（無責任）である。この病のどれかに自分が蝕《むしば》まれていると、つい失敗から学ぶことを自分から遠ざけて考える傾向になる。メンタルが弱まっている時には、相手を受け入れるという受容能力も落ちている。ましてや成功したことなら良いが、失敗して叱られたり、拒絶されたり、断られたことを自分の中にいったん受け止めることはとても難しい。

Fさんは営業七年目のマネジャーだ。自分の欠点は、「お客様との間で、自分の中に壁をつくってしまうことだ」と言う。だから、これを乗り越えるための課題は、「この人なら少し話を聞いてもいいかな」とお客様に思っていただくことだ。つい、こらえ性がなくなるときもある。「もういいや」と、すぐに出てくるあきらめの心を抑えるために、常に成功した時のイメージを考えるようにしているそうだ。始める前に、まず成功のシナリオを描く。先入観を持たない工夫だ。

また、Ｆさんは、一つのことに集中して、そのことを納得いくまでやり抜こうとする。自分が営業を始めた頃、まだエンドユーザーと自分が置き換えられるほど近づいていた時、お客様の質問の多くが、支払いのことや経済情勢を含めた金利のことだった。その質問に曖昧にしか答えられず、あるいは全く答えられない自分に失望したこともあると語る。そこで、ローン、金利等に関する本を読みあさり、お客様の立場に立った資料も作成して、熱心に答えるように努めたそうだ。自分のどこを信じていただくか、どの点で自分を〝プロ〟と見ていただくか、オールマイティーにできるほど器用ではないので、一点集中で、お客様の信用を勝ち取ったのだ。

そして今、また新たな変化の入口に立っている。まだ駆け出しの頃、考えてみれば失敗から学んで、自分の強みをつくっていたのに違いない。もっと自分のこだわりを捨て、さらなる強い気持ちで、本当の〝プロ〟としての自分を解放し、あきらめない、捨てない自分づくりを目指すことだろう。

〈失敗から学ぶ〉、この姿勢を忘れずに、成功のシナリオを実現する可能性に挑み続けていこう。

あきらめない、捨てない自分づくりで成功シナリオを創る。

8 段取り力を磨く

情報の伝達手段を有効活用する

仕事にも句読点が必要だ。集中して仕事に取り組む、そして休憩してフーッと深呼吸をする、朝は小ザッパリとした服で仕事に向かうなど、自分の気持ちを集中させたり、何かしら遊ばせたり、区切ったりすることが大切だと思う。自分の意識を変えて事に当たることで、目の前に見える景色は実に違ってくる。自分のカチンコをもって、自分自身が主役で、かつ自分自身が監督になって脚本や物語を演出するのだ。そのためには想像力がいる。何を準備するべきか、どのように人と会うべきか、どんなつなぎ営業をするか、一度自分を通過させ意識化させることで、段取り力を磨く。

Ｋ店長が、メールを通じてイギリス在住の日本人のお客様と契約したのは、まさに段取り力の勝利である。イギリスから、ホームページを見てメールが入った。仕事の関係で、そのお客様は日本には年に数日しか滞在されない。しかし一～二年のうちには、海外赴任も終わるであろうことを想定し、今からマンションを探しているとのことであった。そこで、メールが届いたその日のうちに、いろいろなことについて五回のメール交換をしたそうだ。結果としては、本人が一度も日本に帰ることなく、契約に至ったのである。

契約に至る前、まずマンション分譲時のパンフレットを売主からお借りし、そのコピーを送付した。各部屋の日当たりについても、朝、昼、夜の時間帯に、東西南北の全方位からの写真をデジカメで撮り、それを添付ファイルにしてメールで送った。

一方、翌週には、日本にいる奥さんの両親にその物件を見てもらい、次にご主人の両親にも見てもらって、より良く説明し、納得してもらった。委任状をイギリスに送り、本人は一度も物件を見ずに契約したのだ。メールは合計25回交換しあい、「年内には、妻と子供を日本に落ち着かせたい」とのお客様の希望を叶えることができ、大変喜ばれた。

自分の仕事をより良くやっていくための段取り力は、これまで以上に、さまざまなシチュエーションで、〈より良く〉という言葉をつけて考えることだ。そうすることが、普段の営業や人との交渉において、次の新しい出会いを創造するキッカケづくりのドアを開く。

営業能力の優劣は、顧客共感力にある。それは、顧客との出会いを創造する段取り力に表れる。

9 営業における重点行動の選択と徹底

お見送りの姿にプロ意識が表れる

人と出会い、その関心をつなぐことで、お客様を育て、契約し、感動をつくる。営業とは、「出会う↓つなぐ↓つくる」のサイクルづくりであり、プロデュースである。

ある地方の有力企業の経営者が、社内の現状に危機感を覚え、当社に研修を依頼されたのは次のような事情からだった。A社は、その地方の勝ち組企業で、不動産業をはじめ、スーパーマーケットから交通、衣料まで関連企業全般の業績が良い。他社が倒産するなか、A社は躍進を続け、一人勝ちの様相を呈している。いうならば、競争相手のいない状況だ。

そんなある日、不動産会社A社の経営者が、グループ企業の百貨店へネクタイを買いに行ったそうだ。ところが、そこで対応すべき売り場担当者は、何か尋ねようにも、こちらに関心を向けようとしない。それどころか、ペチャクチャと同僚と話をしているではないか。二・三回呼んで初めてお客様に気付く始末だ。その後もテキパキとした動きではなく、ダラリ、タラタラとした対応である。経営者は、お客様を無視した態度に、その社員を叱責し、上司を呼んで注意を与え、気付かせる環境を与えた。そして一週間後、また同じ店の同じ売り場に行ってみた。ところが何と先日と同じような動きで、顧客満足からは程遠い対応だ。その経営者は怒りを超えて、自社グループの将来に大きな不安を持ったという。そこで全グループに、最も基本的な接客応対から、顧客満足、顧客感動を洗い直すように指示を出したのだ。

人は状況の良い時には滑りやすい。注意を怠りやすい。だからこそ勝っている時に危機意識をもって、良くない時のシミュレーションをする必要がある。

当社の研修で皆さんがよく挙げる、他産業で心に残ったサービスは、お客様の気持ちになった対応や声掛けである。ストアなどで、手一杯に荷物を持っていると、「一つにしましょうか」と声を掛けられた、レストランでお金を両手で受け取ってもらった、銀行のＡＴＭ機の前で困っていると、係りの方が「お分かりですか」と教えてくれたなど、お客様に笑顔で接するプロ意識での対応であった。

反対に、不快感を持ったとして挙げられたことは、例えば、係りの方の顔を見ない応対だったり、物を買いに行って、「ありません」のぶっきらぼうな一言だったり、つり銭を黙って差し出されたりなど、お客様の気持ちを考えない応対であった。ちょっと気遣いがあればいいのに……と、反対の立場になってみるとすぐ気付くことである。接客態度や説明不足、そして声掛けの足りなさが、お客様を不愉快にさせる。

不動産業は、情報産業であり、サービス産業である。サービスの競争は、サービスの質を追求するこ

ではこれで
ありがとうございました
ここまで見送ってくれるとはいい会社だ
気に入った
サービス業の鑑だな
それにひきかえ…
ただいま
…

とだ。小さなサービスナンバーワンをたくさん創ることが、成功営業の指標である。さまざまな産業の中で、不動産業もサービス産業の本質を有する。その不動産業がサービスにおいて、他産業に遅れをとってはならない。サービスの徹底こそが、業績アップにつながる。

お客様の不平・不満としてよく挙げられる、電話の取り方が横柄であるとか、受話器を先にガチャンと置いたりでは、もうすでに情報の入口でシャットアウトされてしまう。また接客においても、下から上までジロッと見るとか、あるいは、目線があっているのに見ない振りをするなど、お客様を無視する態度はさらに良くない。お客様を 客 と呼びあっているような職場では、サービスの程度が知れる。

一流のサービスをめざすA社の経営者は、「お客様を最後まで笑顔で見送る」ことを社員の共通標語にしている。それを全社員一丸となって行動したら、お客様を迎える姿勢ができてくる。そこに、次なる発展・展開をイメージできる。戦略営業において、接客の意識を、出迎え以上に見送りにおく。見送る時にこそ、その印象がお客様に残る。その効果は計り知れない。よい印象の蓄積が、リピートのお客様につながる。日々新たなり、ここから再スタートだ！

サービス業の基本に「出迎え三分、見送り七分」というものがある。見送りにこそ力を注げ。

10 自分流の前向きな営業スタイルをつくる

前進している自分を実感できること

自分が「やっている」と思う意識も、ふと視点を転じてみると、そのレベルには差があり、上には上があるものだ。やり方を工夫したり、時間配分や集中力を凝縮したりすることで、仕事の密度が高められ、ますます仕事が楽しくなる。そのようなことのできる人はいるものだ。そんな人との出会いをつくるために、時々、自分の付き合いの幅を変えてみることも必要だ。より大きな世界を知ると、おのずと謙虚になれる。

例えば、いつもと違う道を通る。いつも読まない本のコーナーに立ち寄ってみる。新しい人との出会いを積極的につくってみるなど、見る風景や手に取る情報を変えてみると、自分の思考も変化する。今日の自分が明日には、一歩でも成長してほしいと前向きに願うのだ。

「やれることは、すべてやる」。これをモットーにするMさんは、一級建築士と二級建築士の両方の資格を武器に、不動産営業で継続的に好業績を上げている。収益マンション、相続、有料老人ホームなどのコンサルティング営業を得意とする。その集中力は抜群に高い。好きなことをやっていると、とことんやれるのだという。以前の会社でも、仕事時間のあと必死に勉強して、一年で測量士補など三つの資格を取った。年間の綿密なスケジュールをたて、マイプロジェクトを実現させる。それは仕事だけに限らず、趣味のアーチェリーでも国体をめざす腕前だ。このように仕事も、遊びも、やる時には一気に集中力を発揮する。熱中することの楽しさを味わうのだ。

Mさんは、「家というものは、見た感じが大事なのだ」と語る。だから家はできるだけ明るくしておく。人も同じだ。第一印象が悪いと最初からお客様をグリップできない。テンションが下がっている時ほど、テンションを上げる心構えが大事だ。また、Mさんには自分で企画提案し、実施しているミニ講演会がある。その講演や契約締結などの時には、赤のネクタイを着用する。そしてお客様へお渡しする資料にも、マーカーの赤、ピンク、オレンジ、黄色などの明るい色を選んで使っている。また図面の中に、線を引く場合も、右肩下がりだとやり直し、右が少し上がった線にする。ゲンを担ぎ、媒介価格も語呂の良くない数字は極力避ける。前向きな営業スタイルづくりに手は抜かない。まさにこれが陽転思考だ。

マンネリの風を一変させるのは、前向きな陽転思考と行動である。

11 営業力とは人の心を読む力

ときに一期一会の思いで気持ちを新たに

その営業部長は大病をしたが、強靭《きょうじん》な回復力をみせ、手術後、仕事に復帰された。入社して18年間、週休二日制の会社ではあるが、土・日曜日のどちらかで自社の現場を回るという生活だった。しかし今回、病気治療のため、初めて土・日の連休を取ったと語る。今、自分の体調とうまく折り合いをつけながら、新たに仕事を楽しもうとする姿に、限りない情熱が満ちている。「今しかない。何事も決断のチャンスは、今しかない」と、自分に言い聞かせているそうだ。昨日まで何でもなかったのに、突発的に身の上に予想し得ないことは起こり得るものだ。だから今日の自分は、あくまでも今日を限りのものであり、明日はまた新しい自分の創造なのだ。

そういえば先日、ある関西の所長から電話をいただいた。紹介した物件が、無事、売却になったという報告とお礼であった。実は、その物件の登記名義人であるお父様が、急に亡くなったという。それ以前に、父親のことを考えた娘さん夫婦から売却依頼があったのだが、今回何とか無事、相続も終え、契約ができたことで安堵でき、そのことが、せめてもの慰めであると喜ばれたと、その所長は話された。やはり、お客様にとっても決断するのは、今しかない との感を強くする。営業を行い、契約を締結して人の役に立ち、感謝される。営業はやりがいのある仕事だ。

営業では、日々、さまざまな状況を持ち、それぞれのお客様の抱える問題をサポートすることで、お客様の真のニーズを知る。営業にとって情報が命だ。「モノが動きにくい時は、人から入る」ことだ。売りの情報も、買いの情報も、お客様のニーズである。自分の思い込みや独断を捨て、よき相談者として、セールスヒアリングに徹する。営業の実際例の中に、買いが売りに、売りが買いにつながったケースは数多くあり、一面的ではなく、多次元的にお客様と付き合うことの大切さを教えてくれる。

私達は、何をするにも一人ではどうしようもない。良き仲間や協力者が必要だ。トップの成績を出す人は、外に向けてはお客様の心をつかみ、内にあっては社内のファンを獲得する人だ。実際、S社では、営業のトップセールスマンを、人事の採用担当者に抜擢したという話もうなずける。つまり営業力とは人間力にほかならない。

営業力とは人間力である。トップ営業マンは、一期一会の思いでお客様の心をつかむ。

12 フェイス・ツー・フェイス―人に会う

「押し」が弱いのはウィークポイントにあらず

自分の仕事の向こう側にあるものの根っこは、思い描く力＝想像力であろう。やはり人に会うことに尽きる。気分の乗らない時もある。心の沈むこともある。それでも敢えて人の中に身を置くことで見えてくるものがある。心を正し、気持ちを整理し、別な方法論を知ることができる。自分で学んだ知識と、人のなかで培った経験と能力で、自立し、自分自身を深く掘っていく。情報は、プラスもマイナスも無意識のうちに入ってくる。だからマイナス情報は、自分の心に入れる前に、常にプラスで考えるクセをつける。すべての物事を学びの視点と姿勢で捉える。そうすることで、マイナスのなかのプラス部分を意識できる。また段取りの良さも欠かせない。次のことを考えての今と、断片的な今とでは、おのずと効率も効果も大違いだ。仕事の段取りは、次の場面を想像し、今を創造していく力なのだ。

ある時、インターネットとパソコンに凝っていた時期があり、時間もエネルギーも投入した。ところが、しばらくすると会社の動きがパタッと止まったように感じた。そんな時、お客様が来たりすると、うっとうしく思うようになった。少人数の会社では、社長が動かなくなると、すべてパタッと止まる。これでは駄目だと思い、インターネットの仕事は人を雇い、自分は人と会うことに大きくシフトを変えた。こう語るのは、着実な業績を上げる関西のF社長である。

また、人と会うことを苦にしないほうがいい。そうでないと、根気がなくなり、面倒くさくなると話すのは、S販売会社のマネジャーだ。契約一件の店舗に与える影響力は大きい。「今週、契約が一本ある」という心理的な安定感は、小さい物件でも大きな気持ちの拠りどころとなる。契約件数が多いところは店舗に活気があり、可能性が感じられる。その結果、安定的数字を生む。しかし、情報の量が多いということは、魅力ある情報だけでなく、面倒な情報も含まれる。情報が多様である分、応用性が高く可能性もある。だから仕入れの力、仕入れルートをつくることが安定業績のカギとなる。物件を仕入れることの重要性を意識することだ。ないものねだりの理由付けばかりせず、まず人と会うことから始めよう。自分の身体が動くからこそ、情報が動き、活気が生まれる。

安易に判断しては、お客様との関係はダメになる。ますます反響も低下し、数少なくなっていく。お客様を大切にしないと、成功の確率は下がる。だからこそ、一人のお客様を大切にする。例えば、お客様が物件を気に入らなかったとすれば、なぜ気に入らないのか？　どこがダメなのか？　長期的な見込み客としてはどうなのか？　上司や同僚に聞くなどして、あきらめる前に相談する。人に聞くことで、お客様との新しい接点が見つかる。

見切りが早い、お客様のえり好みをする、あきらめやすい、集客が嫌い、早とちりする、押しが弱い、

先輩 ボクは 押しが弱くて ダメです
押しは 弱くて いいんだよ
え？
じっくり 時間をかけて お客様の情報を 聞けばいい
そのことを メモして お客様の 気持ちを つかむ ことだ
押せば いいってもの じゃない
先輩 ありがとう ございました おかげで 彼女が できました
そっちに 使ったんかい

お客様のペースに流される、これらは、営業担当者が自分のウィークポイントとして、よく挙げるところだ。これらを弱点としつつリカバリーする。そこに営業マンの強い自覚が求められる。

トップセールスマンのTさんはこう言う。「押しが弱い？　押しは弱くていいんじゃないの。」実際Tさんは、自分の営業において、押して、押して、押しまくって契約したということがない。そのために、初回面談を一番大切にしている。時間もかける。時間が経つにつれて、お客様はどんどん情報発信し、ヒントをたくさん言ってくれる。それを書き留めておく。そして、お客様自身が決めた結論をサポートしていく。例えば、駅から遠い物件でも、それがあれば欲しくなること、小さなつぶやきもメモしておく。何らかの成果が出ると思うからメモするのだ。そして、お客様の心をつかむために、押しの強さというよりも、購入の決断を実現するために、お客様との良きパートナーとしての関係をつくっていくことが大切なのだ。

人には持ち味がある。自分の強みを生かして個性を伸ばす。そして、いかにお客様に喜んでもらうかが、本当の営業に必要な要素なのだ。

大福帳

初回面談でその後がすべて決まる。90分の初回面談時間が分岐点だ。

13 親身な接客姿勢が自信ある語りを生む

まず、語れるものがあるか

語れるものを持っているか？　好きな本は、どうしても次のページをめくりたくなる。よい映画は、物語の展開にワクワクする。また、人の語りもストーリーがあると興味深く、つい聴いてしまう。適度に抑揚のある声の響きは、心地良いリズムを生む。日々の暮らしも、いつ起きて、何を見て、何を食べ、誰と会い、どう過ごすのか？　お客様と同じ目線で、自分の関心事としてイメージを鮮明に描こうと努力することで、営業力を磨くことができる。人は皆、豊かな時間を持ちたいものだ。接客姿勢を整えることで、より親身な提案や、物件について自信のある語りができる。お客様のニーズが投影されていない提案力や話し方では、迫力など持ち得ない。お客様の関心をつなぐものは、あくまでもヒューマンスケールで計らないと、顧客観を狭くする。

では、仕事の自信はどこから出てくるか。それは、次の三点にある。

①商品に愛着を持つ……そのキーワードは、「知る」ことだ。よく「知る」ことにより多面的に理解

でき、よりリアルに語れる。知れば知るほど、情報密度が濃くなる。そして知らなかったことに、気付くことで発見の喜びがある。

②多面的アプローチができる引き出しを持つ……それによってAさんが無理でも、BさんならOKとか、物件の特徴出しを、個別具体的に語れる。近づいて、見て、触れて、聴いて、皮膚感覚を通じて実感するものがあれば語れるのだ。自分の身体を通して消化して、初めて納得、共感が出てくる。

③他社との商品比較をし、相対的に商品を見る……当然のことながら、他社の商品をけなす営業では、自社に、あるいはほかの営業担当者にも不信をもたらす結果になる。自社の物件の特徴、良さを語る。商品の品質を追求すると同時に、その土台である人としての質を磨くことだ。

物件は息づいている。どう活用するか、どう良さを引き出し、快適性を生み出すか。営業として最終的にお客様に伝わるものは、営業姿勢であり、ポリシーである。コミュニケーション下手という負の暗示を捨て、こだわりを捨て、五感を生かした接客能力を学び、ステップアップする。話をしていて夢がしぼむ営業ではなく、考え方を提案することで夢のある結論を導き出せる。そんなスタンスでやり切ることだ。

ストーリーが語れる営業マンは、自信と迫力がある。そのためには現場力を磨くことである。

14 固定観念を捨てる

お客様の「なぜ」の中にあるもの

変化が大きすぎると、かえって分からない。人に言われてやるのは一過性であり、自主的にやるものとは大違いだ。自発的な取り組みの先にこそ、次へのステップが見えてくる。自分の行動の基にある意識をいかに持つか。より自分の身近なところから変えてみる。例えば、朝の出社時間を早くする。モデルルームで出すお茶やコーヒーのメニューを変える。二回めの訪問のテンポを速める。今まで出していたお礼葉書を、そのお客様の好きな犬の絵にする。すなわち、もう一歩、もうちょっとプラスして行動する。自分以外は皆、お客様であるとの思いで事に当たれば、打つべき手が見つかるはずだ。

先日ある会社の研修があり、そこで多くの気付きを得た。ことに営業の誰もが陥りやすい固定観念をいかに突き崩し、お客様のヒアリングに徹するか。四人家族なので４ＬＤＫを勧めたら、他社で３ＬＤＫを購入されたという。お客様には、それぞれのニーズがある。

ある物件を土・日曜日にオープンルームした。しかし、土曜日は来場者がなかった。明日の日曜日には来るかもしれないという淡い期待と、ボンヤリした不安の中で翌日を待つのか。その営業マンは、土曜の夜、マンションの前にある団地二千世帯に、チラシを宅配して歩いた。日曜日、その中から来場された一人のお客様と契約できた。広告を出しているから、情報誌に掲載したから大丈夫と思わず、常に見直す。狭い固定観念の打破が成約を生んだ。

別のある地域、マンションからの夜景がきれいだ。橋が大きなアーチを描き、そのエリアの眺望の良さは有名だ。だから、南側で日当たりは良いが眺望の良くない住戸と、北側で日当たりは悪いが、海が見える眺望の良い住戸とでは、後者のほうが価額が高い。眺望の良い北側から売れている。南側のほうが、北側より価額が高いという思い込み一本では、お客様の意識の変化のほうが先に進んで、営業は置いていかれてしまう。だからこそ、お客様の「なぜ」を、その背景（ニーズグラウンド）から捉える。そのお客様は、なぜ欲しいのか？　そこに住んでどう暮らしたいのか？　「なぜ」の中には、お客様の歴史が詰まっている。そこをいかに聴き込み、徹底したヒヤリングができるかである。共感するからこそ、お客様との信頼がますます厚くなる。

一センチ進めば今までと違う風景に出合う。お客様のニーズとニーズグラウンドを知ろう。

15 もう一歩、お客様に近づく

本音を理解したうえでのアドバイスを

何の努力もせず、どんな関心も払わずに、トップの成績を上げ続けている人を知らない。小さなナンバーワンをたくさんつくることが、差別化の道であり、営業成功の指標である。自分は何に優れているのか？　それをどうアピールしているのか？

お客様にこう質問してみる。「休みの日には何をして過ごしていますか？」　その人の日常を知らなければ、営業はできない。なぜその物件を購入したいのか？　あるいは、どうして売りたいのか？　それをヒアリングできたら、先手、先手でお客様が必要とする情報を与え、実現までのストーリーを描く。

しかし、いきなり直接的な質問をするだけでは、お客様とのかかわりは薄い。話が広がり、実のあるコミュニケーションになるためには、全身で聴き、相手を知り、本音を理解しようとすることだ。

例えば、モデルルームに来場されたお客様が、その物件を簡単に見ただけで、すぐに契約の申し込みとなった。しかし話を進めていくうちに、最後の最後にドタキャンとなった。「資金は大丈夫かな？」

と思ったけれど、お客様の言葉を鵜呑みにして、一瞬浮かんだ疑問を解決することなく、勝手に思い込んだ失敗だ。あまりにスムーズに事が運ぶ時は、むしろ手綱を締めることが大事だ。失敗と成功の岐路は一つではなく、多面的なのである。

一方、ちょっと切り口を変えてみることで、成功することもある。ふらっとモデルルームに来たお客様の、将来は両親を呼んで一緒に暮らそうかな……という話に、「いざ」という時は、思っているよりも案外早く来ることが多く、物件は、余裕のある「今」こそ購入するのが賢明だとアドバイスした。また、ローンについても、購入を先に延ばすのは、ローンの支払い終了時の年齢がそれだけアップすることを意味する。高齢になった時の、年齢が一つ上がることの不安に目を向けてもらうことで、早期購入への意欲を喚起する。

何にしても、お客様の日常の生活がイメージできる質問と情報収集が大切だ。すぐのあきらめからは、何も生まれない。あきらめずに粘り強く、もう一歩お客様に踏み込むことが成果を生む。お客様の人となりを知り、その夢を現実に根付かせていく。

あきらめずに粘り強くお客様の本気を理解しようとするから、お客様は本音で語る。

16 営業力は受け入れる力が決め手

プロとして適切に背中を押してあげられるか

何か小さなことでも、右か左か、AかBか悩むことは多い。情報化社会の進展の中で、選択肢は多くなっているので、決めかねることが多い。日常の瑣事《さじ》においてもそうなのだから、ましてや自分の住まいを決めるという大きな決断には勇気がいる。それは、刻々と押し寄せる悩みのハードルを一つずつクリアして、突き抜けていくプロセスでもある。だからこそ、お客様は良き相談者を求める。自分の考えや要望を聞いてくれたり、道筋を示すアドバイスをしてくれる営業担当者に出会うことは、意外に少ない。そういうエンドユーザーからの声は多い。それは、心の温度差が大きいということでもあり、まだまだヒアリングのスキルを高めていける余地があるということだ。

自分の表現が、もっとお客様の心に届いて欲しい。ヒアリングが大事と思っても、制限のある時間の中では、つい決めてかかったりする。分かっていることと、行動していることの違いに気付かないと成長しない。自分自身を厳しく反省するというもう一人の自分を持つことが大切だ。お客様から学んだことを、自分の行動としてどのように明日のために改善できるか。そう考えないと、どうしても前進していかない。失敗しようとして営業している人は誰もいない。でも、そこには歴然と差がある。もう一つ、もう一本、もう一歩という考え方が力を生む。

今の成功に安心して、今のままで良いと思ったら、今以下に後退してしまう。成績に波があるようなら、まだ弱い営業といえる。安定して、継続して業績を生み出す営業をめざそう。成功とは、長く続けるなかから放たれる人間力やコミュニケーション力の裏付けがあるからこその高業績なのだ。成功の数があるだけ、失敗の数もある。誰と会い、何を感じ、何を蓄積したかである。

ネットワークを結ぶポイントは、まず不得手を見せることである。それは、絶対的な自信があればこそできる。「○○を教えてくれませんか」という謙虚な不足が見えた時に、人はアドバイスしてくれる。それは、営業にも同じことがいえる。案内する物件の１２０パーセントのメリットをいうのみでは、お客様の本音はつかめない。まず先に、案内する物件の長所だけでなく欠点を話し、それからお客様に見てもらう。そうすることで、お客様の生の声を引き出し、安心感を生み出しているトップセールスマンのNさんもいる。

ある中古マンションを購入されたお客様は、内装を全面的にリフォームして入居することにした。そこで、ひととおりの説明を受けた後、壁紙の選択になったが、そこで迷いに迷った。これから将来の暮らし方をどのように快適に創造していこうかと、ますます広がる気持ちを持ちつつ、小さな壁紙の見本帳から一点に絞るのだから、迷うのも当然である。すると、そこまでずっとアドバイスしたり、気持ち

どれにしようかしらカベ紙？
これもいいなー
そうですねェ
でもお客様がご自分で最初に選んだものにほとんど戻ります
長年の仕事で学んだことです
ありがとう！
いっしょに悩んでもらってうれしいわ
お昼食べていってね
どれにしようかしら出前…
あの

が決まるのを待っていたリフォーム業者のKさんがこう言った。「いろいろと迷われると思いますが、結局のところ、お客様がご自分で最初に選んだものに、ほとんどの方が戻るというのが、私がこの仕事を通じて学んだことです」と。

お客様の思いを共有しながら、最終的にポンと背中を押す形での専門家の言葉は大きい。お客様の気持ちはスッと落ち着いて、納得して最初の壁紙に決めたのだ。また女性営業のNさんも語る。お客様は悩む。そして営業も一緒に悩む。しかし、本当に悩むのではなく、相談しあう、提案しあうことが大事だと言う。営業の思い込みでなく、お客様の気持ちを確認しながら、話を聞き、質問し、納得してもらい、一緒にゴールまで伴走する。お客様は夢を持つ。夢を壊さず、しかも夢を夢のまま終わりにせず、実現させていく。

営業のプロとして、お客様の話を真剣に、かつ大きく受けとめる受容能力は必須だ。話の中で、共感すべき点を見つけける。大きな決断をするに当たり、暗闇の中で不安な状態にあるお客様に、少しでも先を照らす灯のような導き役として、お客様の良き相談相手でありたいとつくづく思う。

良き相談相手をめざす営業マンは、不安の解消と夢の実現の道筋をはっきりと示そう。

17 営業は楽しい

「これでいいのか」という謙虚な問いを胸に

先日、ある営業本部長と会って、話をしたことが心に残っている。営業の原点といえば、〃人に出会う〃ことだ。人に会うことで教えられ、成長し、向上心を持ち続けられる。一方、人に会うからこそ、傷つきもするし、落ち込んだりもする。それでもなお人の中にいて、自分を回復し、癒される。営業として、人と話すことが好きか、楽しいと思うかどうかで営業観も、そして人生観も大きく異なってくる。

一流の営業のプロとは、人間的魅力のある人だ。

また、汗をかかなければならない時がある。無我夢中で営業に打ち込み、営業を徹底する時期を持たねば、その先にある営業の楽しみや実感のある感動には出合えない。

例えば、マラソンで走り続けることも、野球の千本ノックも、苦しい時期を越えないと、楽しい景色が眺められない。そういう呼吸とリズムを感じることが大事なのだ。人と話すのがおもしろいというのが営業の基本だ。また基本とは、先入観を捨てることでもある。固定観念を捨てて事に向かう。もうダメだと思っても、「まだできるかも？　やってみよう」との発想で実行することが、壁を乗り越える力となる。

この業界でも、女性営業社員の活躍はめざましい。女性店長が全店舗でナンバーワンの業績を上げている会社もある。購入者も、女性が主権者であるケースが多い。そこで、生活者の視点を持っている女性が、同性としての強みを発揮し、良き相談者として、コンサルティング営業をする。

まずお客様のことを考えるのだ。柔軟な発想で、物件の第一印象づくりに力を注ぐ。売り物件をどのように演出するか。窓回りに物を置かない。汚れたレースのカーテンは取り換える。水回りを磨く。蛍光灯を取り換え、部屋を明るくする。「いつまでに売りたい」というお客様の希望を実現させる積極的な提案をする。嫌われるかも、という消極的な考えを良い関係性で吸収し、一歩踏み込む勇気と覚悟を持つ。

いつでも百パーセントやり遂げられるものではなく、ポジティブな姿勢のなかに、小さな「これでいいのか？」という問いを胸に、一歩ずつ検証していく。営業とは、そういう道のりではないかと思う。

「もういい」と思った時から成長はストップする。最大の難敵はそう思う自分だ。

18 自分自身の想像力を磨く

一方通行の営業は過去のもの

想像力の時代である。それもリアリティーのある想像力だ。それをユーザーが求めている。お客様の新しい生活スタイルに対する共感的なストーリー・イメージを持っているかである。

購入後の快適な生活の情景が浮かぶように、分かりやすく、ていねいに、納得のいくイメージをリアルに語れるかは、共感力があるかどうかにかかっている。「もし、自分がそこに身を置いたら……」と、自分のありったけの感性を生かして、想像力をめぐらす。見る、読む、書く、聴く、味わう、触れるという日常の中にある感覚を磨く動きが大切だ。感性を養うためには、日常、何をして、何を感じ、どんな動きをするかにかかっている。やはり自らの動きをつくらなければ、思ったり感じたりする力を深くできない。相手を想う前に、まず自分自身を楽しませたり、喜んだりする機会づくりが自分に課せられたテーマである。

人を圧倒する行動力で魅力を放つY社長には、日頃から〈想像と創造〉の大切さを教えていただく。

想像力を豊かに持ち、そのうえで仕事を創造していくクリエート力が大事だという。それは、仕事を意味付けていく力であり、自分の目標と、会社の目標をすり合わせていく力である。自分自身の仕事を意味ある仕事に、そして人の役に立つ仕事に育てていくのだ。

お客様の心を動かすのは、一方通行のセールスではなく、双方向のコンサルティングセールスである。お客様の求めるものをよく聞き、そのための提案をしていく営業スタイルだ。お客様は、安心して相談できる誰かを求めている。誰に相談したらよいのか、という不安を抱えて、良き相談者を求めている。今、不動産業界で女性の活躍が注目される。それは、女性が日常の中で、地域に根付き、地域情報にも詳しく、地域密着の日常を仕事に生かせるからである。そこから生まれる実感を共有しながら、よりリアリティーのある暮らし方をアドバイスすることができる。新しい生活スタイルへの共感は納得性が高く、お客様の心をつかむ。

もっと想像力を広げ、共感力を磨こう。想像力と共感力は、顧客視点の営業に最も欠かせない能力なのだ。

エムパシー（Empathy）＝感情移入力が営業には欠かせない。想像力を広げて考える良いクセを磨こう。

19 ある宅地分譲地の風景

想像力を働かせる

ある土曜日のお昼頃、パンを買いに近所に出かけた。その帰り道に、「好評分譲中」の旗が立ち、風に揺れている一画があった。あたりに目立つように、案内の矢印の張り紙や看板が立っている。いくつかの目につく矢印の一つの方向を見ると、その道の先は行き止まりで、新しい分譲地のある様子はない。その案内板は、あらぬ方向を指していたのだ。これではお客様は迷いやすい。

次の矢印の方向に歩くと、確かに分譲地があった。区画は一つ、30坪強の南道路に面した土地である。6メートルぐらいの道路をはさんで反対側に、一台の車があり、その近くに机が一つ置かれていた。そばに「分譲中」の旗が立っている。机の上には、チラシが一～二枚載せてあり、30歳代後半らしき営業マンが、一人イスに腰掛けている。驚いたことに、その営業マンは、こっくりこっくり寝ているではないか。

お客様は誰もいない。周りの閑静な住宅地に似つかわしくない、組立式の簡易トイレが、ポツンとその宅地の入口横に置いてある。雑草がうっすらと生えた宅地の真ん中には、材木がひとかたまり積んであり、青いシートがかけてある。建物の建築工事に備えて置いてあるのだろうか。掃除した跡は見えない。

周辺にある住宅のグレードの高さが、かろうじてその土地の良いイメージを支えている。ふと振り返ると、営業マンは、今は爆睡している。通行人が驚くほどの大きなイビキをかいて、うなだれて寝ている。

さて、その土地は売れたであろうか。このような旧態依然とした、自分勝手で無頓着な販売をする営業マンがいる一方で、サービス産業として、徹底した、気配りとマメな仕事の仕方でファンの多い営業マンもいる。最終的にお客様は、誰を、どのような営業スタイルの営業マンを選ぶであろうか。自分が購入するとしたら という想像力を働かせればこそ、顧客の目線を意識した、緊張感と集中力は欠かせない。

セルフコントロール（自己管理）は、プロ営業マンの生命線だ。背中に目を持つことだ。

20 接触・接触・接触

接触するお客様は2種類のみ

気分を切り替えるのは、とても大事だ。一杯のコーヒーを飲んだ時ホッとする。好きな音楽に心をくすぐられる。ご飯が炊けるにおいも心落ち着かせる。旅はもちろん異空間と時間を味わえるが、例えば旅のイメージだけでもいい。自分の気持ちをそこから少し離してみよう。固まりをほぐしてみる。結構、知っていると思っても知らないことも多いものだ。分かっているはず、きっとこうなるはず……。その全部をひっくるめて、風呂敷にまとめて小さく結んでしまおう。荷物はそこに置いて、そして自分は風になる。厳しい時こそ、やわらかい笑顔がいい。むりやりでもいいから笑ってみて！　それがいつかあなたの顔になる。その心持ちで、先ほどの着地点に戻るのだ。

環境が変わった。部署が変わった。会社の都合で異動になった……。そうしてお客様との関係は薄れ、自分の仕事が積み重なっている実感は消えて、成績は低迷していく。そのような負の状況は、悪循環の負のスパイラルとなり、何もいいことには出会わないイメージになっていく。環境が変わっても、それに対応できないから業績も出ない。すると生活も何もかも疲れてしまう。結構まじめにやっている営業マンの中にもこのような人が多い。我々はどんな時代でも成約件数をアップしていかないとならない。そのためにも接触しかない。そして、接触には二つのお客様しかいない。①新規客か、②既存客か、である。だから業績が安定しない営業マンは、既存客が少ない。すると、新規客しかないわけだが、そこはエネルギーのいるところだ。再構築するべき営業のベースは、新規客への接触の幅を広げつつ深め、いかに一人のお客様を大切にするかである。接触・接触・接触でつないでいかないとコミュニケーションは離れる。人間関係が近づけば情報も近づいてくるし、離れれば情報も離れる。

あたりまえだが、我々は接近するか離れるかしかない。ならば自分から仕掛けを作って会う。その動きが出来るか出来ないかで行動は格段に違い、情報量は大きな格差を生む。「第一次接触で9割は決まる」を実感している営業マンも多い。もう一度会いたい、会ってみたい気持ちを起こさせる。仲介におけるポイントは、お客様との接触量を増やすことだ。そのために、新規客と既存客を徹底してプールしていく。

仲介におけるポイントは、新規客と既存客を徹底してプールすること。

第三章

トップセールスへの道

1 営業の王道『5マメ戦略』で勝つ

創意工夫がなされているか

物の見方・考え方・感じ方が前向きで肯定的であることが、トップセールスを形成する背骨である。私が研修やコンサルティングを通じて知り合った多くのトップセールスの人たちは、トップになるだけのことをしている。トップを維持している人はそれなりの努力を継続して行っている、というのが実感である。

42歳で転職したNさんには、不動産業界は全く新しい世界だった。最初、周りの営業マンを見て、その行動の速さに焦りを感じたという。電話の反響にどう対応するか、お客様案内の方法、物件ファイルの仕方など、戸惑うことばかりだった。そこで得た結論が、まずトップの営業成績を上げる人の「マメさ」を「マネる」ということだった。

営業の王道は、『5マメ戦略』である。①手マメ、②足マメ、③TELマメ、④耳マメ（聴きマメ）、⑤顧客マメ、の5マメである。直接接触に手紙などの間接的な動きを付加することで、お客様の心のつかみ方に差が出る。いくつかの印象的なところでは、まず手マメがある。葉書の効用は計り知れない。一日に書く葉書の数だけお客様との接触ができるからである。

Ｎさんは、お客様のご家族（お子さん）の写真をデジタルカメラで撮って葉書に入れ込み、お会いした翌日にはその葉書を出している。また、足マメでもある。現地をいかによく知っているか。Ｎさんの店舗ではパソコンを使った自社への地図は大変好評で、信頼度アップにもつながっている。Ｎさんからの手紙が届いた。「当店も開設以来４年目の春を迎えます」の書き出しで、Ｎさんの営業人生の軌跡が伝わってくる。さらに、地域に密着する手法として、写真・地図付きの売り出し物件がすべて掲載されている小冊子を作り、お客様からの反響が多いという。

Ｎさんの店舗では、「５マメ」をマネて、『５マネ戦略』で確実に勝っている。誰でも、トップセールスマンの何かを一つでもマネて学び、行動し続けることを徹底した時から、トップへの道が開かれる。

小マメであればおおよそうまくいくものだ。５マメであれば成功間違いなしである。

2

お客様は物件の近くにいる

買いは売り、売りは買いの循環

強敵ぞろいの激戦区で、トップの成績を上げているM店長が、いつも口にしている信念は「お客様は物件の近くにいる」ということである。買主を見つけるには、何よりもまず物件の近くに告知する。物件の周辺25軒にチラシをまく『アタック25の法則』である。配布の仕方で最も効果が高いのは、ポストインよりも、ドアをノックしチラシを手渡しすることだ。オートロックやセキュリティーがあり難しくなってきたが、手渡しが可能な時は、この原則に徹する。なぜなら、人は自分の住んでいる地域に愛着を持ち、地域の生活情報にも精通しているから、その中での住み替えを考え、両親や子供、知人を近くに呼んで、同じ環境で生活したいと思うからだ。

ただし、『アタック25の法則』で留意しなければならないのは、お客様が家を売却する理由である。もっと広い家に住みたいとか、子供が生まれるのでもう一部屋欲しいなど、ライフアップの場合は、売ることを近所に知らせても問題は少ない。お客様に、そうすることが早く良い条件で売却できる可能性が高いことを説けばよい。

しかし、人は良い時ばかりではない。企業が倒産したので資産を処分するとか、不慮の事故で家族が亡くなって家を手放すなど、あまり人に知られたくない事情のこともある。その時は、お客様の気持ちを察して、無理やり近所に知らせなくてよい。不動産の相談にのるとは、家や土地そのものだけのお世話ではなく、住まいを通じて、より良い生き方やライフプランを提案することであり、幸福の青写真のお世話なのだ。

また、買主の大きな関心事は、依頼しようとしている会社がどれだけ自分が求める情報の量・質を持っているかにある。そのためには、いつもチラシを入れる、顔を出す、挨拶をする、オープンハウスをする、ホームページでリアルタイムな物件情報を見やすく掲載するなど、にぎわいのあるイメージづくりが大切である。物件の品揃えの豊富さが必須だ。

一方、売主の大きな関心事は、販売力がある会社か、いかに良い条件でスピーディーに売却できるかである。売主を見つけるための「求む限定売却物件」というチラシの配布はシンプル、かつ効果の高い営業手法である。反響の多かったチラシには、駅名・種別・交通・価格、そして具体的な購入者の希望条件を載せている。「社宅立退きのため、駐車場付きの3ＬＤＫを探しています」「○○銀行にお勤めの方が住宅用地を探しています。土地35坪以上が希望」など、確かな情報で、多くの買い客がその地域にいることをアピールし、情報力や販売力のあるイメージをお客様に訴える。

その結果が、販売に結びつくと、〈成約御礼〉チラシを配布する。そうすることで売却物件の近隣の

お客様は物件の近くにいる
事件は現場で起きている、ですね
アタック25だ
アタックチャ〜ンス
なにかの番組みたいだけどそういうことだ
はい
チラシでアピールするのだ
契約御礼もチラシで知らせる
わが社の営業力をアピールできる
その通り!

潜在客に、会社の営業力や有力な買い客のストックをアピールでき、物件の仕入れにつなげることができる。M店長は、こうして売り物件を多く受けているので、毎月安定した業績を出している。その店舗にうかがうと、人を引きつける活気のある接客で、キビキビと動いている。M店長の机の後ろには営業マン個人の目標と、店舗の目標が張り出され、常に数字を意識していることがうかがえる。目に見えないものを見えるものに、動きのないところで動きを創って、活気を生み出している。

買いは売りに、売りは買いにつながる。売ろうとしているお客様は、別のところに住むわけであり、また買おうとするお客様も、今までの住まいを離れるのだ。売り・買い・貸し・借りのすべての情報がビジネスの種である。一つの情報を拠点として、どれだけ次につなげるか、点から線である。

お客様は物件の近くにいる。営業現場で経験すればするほど、この実感は強くなる。『アタック25の法則』を、いつでも自分の営業の基本動作として、一つずつ積み上げていく行為が、トップセールスマンへの着実な布石となる。

『アタック25の法則』は、最も効果的な営業手法である。まずは近隣25軒に情報を告知せよ。

3 お客様と一緒に物件地域を歩く

街が好き、物件が好き

住まいを変える、賃貸物件を借りる、新しく住宅を買う。つまり、自分の居場所＝空間を変えるというのは、誰でも大きな不安や迷いを伴う。だからこそ、その時の営業マンの存在は、良き相談者として重要である。お客様の立場に立ってアドバイスし、上手にリードしてくれる人が求められている。

Yさんは、現在躍進中のマンション企業のマネジャーである。仕入れのうまさと、営業マンの機動力で、毎年、目標販売戸数は高い。そのYさんが言う。「できる営業マンほど現地案内に時間をかける。状況によっては、三時間ぐらいかけることもザラである」。じっくり時間をかけることによって、お客様が最後の決断をしかねている時に、背中を一押ししてあげるグッドなタイミングを取ることができるのである。

営業マンが、お客様と一緒に歩くことで親近感が深まる。お客様の良き聞き手になる。物件を地域という確かな空間の中で確認することで、より光ってくる。お客様は、その環境の中で具体的な生活を息づかせ、イメージを広げることができる。もしここに住んだら、このような快適な生活をすることができるのだ……という実感を、一緒に歩くことで、お客様自身によって裏付けてもらうのだ。住まいを決める という人生の大きな選択にあたって、手探り状態にあるお客様に実感を与えるうえで、それは大変効果的である。「小学校まで歩きましょう」とか「ショッピングセンターまでご一緒しましょう」「駅からここまでもう一度歩いてみましょう」など、お客様の関心事や生活状況をもとに、現地での環境を味わってもらうわけだ。

このように、それぞれの地域のトップセールスマンは、地域情報に精通するためかなり力を入れている。鎌倉の史跡に詳しく、物件案内に独自な味付けをしている人、横浜では、歴史を学び名所旧跡をガイドするように案内している人、ある地方都市では、地域新聞からその地域の特徴となる豆情報を得て、お客様をしっかりとつないでいる人などである。

よりお客様を好きになる。より物件を好きになる。より街を好きになる。より仕事を好きになる。それは、最終的にお客様自身が納得する道のりを示すことになり、信頼を獲得することにつながる。

できる営業マンほど現地に明るい。地域情報に精通し、物件案内のナビゲーターをめざせ。

4 月の前半に売上げ数字を見込む

数字が読める営業にしていくには

　自己管理のうまい人は、数字を生み出す行動がより具体的である。月の前半に集中営業することで、月間の売上げ目標の達成を見込む。予測ではなく、月の初めに、その月の具体的段取りをしているか否かである。数字を確実に生むための具体的行動の裏付けを持つことだ。そして、その行動を顧客リストに書き込む。お客様の言葉で記録し、お客様の輪郭が少しずつハッキリしてきたら、契約の手がかりが見いだせる。今日は明日に、今月は来月につながる、そんな仕事にするために、数字の読める営業にしていく必要がある。

　顧客リストは、資金や勤務先のみでなく、家族構成や不満点、趣味や出身地など接点の幅を広げたものがよい。営業マンによっては、自分とのフィーリングが合うということで、その顧客に高い見込み度を付けることもある。実際には、①購入意欲、②購入能力（資金）、③購入期限、など具体的事実を聞き出しながら、見込み度を上げていく。首都圏で高業績の営業所を統括する、営業マネジャーのSさんは言う。「顧客リストにご記入いただくのは、管理するためではなく、営業マン自身がお客様の状況について理解と自覚を持つためである。〈あれこれ書かされている〉と思ったら、お客様はついてこない」。

Sさんが常々口にしている、トップセールスへの具体的行動目標は、「一日10件の商談、月8件の案内、月2回のオープンハウス、30人の手持ち顧客のうち10件はAランク」である。

また、当月のことだけを頭に描いて営業していると、翌月が落ち込むという経験を持つ人は多い。それだからこそSさんは、契約は平日の夜にする。案内も平日にする。約束を取れるものは、なるべく平日に入れる。そして、土・日曜日はオープンハウス開催や、チラシ反響などへの対応に努めて、常に新規顧客との接触を心がけているという。そうすることは、翌月をゼロにしないための大きな工夫であり、営業マンの主導力と信頼度が問われるところでもある。

トップセールスマンとは、自らが主体的に目標を持つ人、その数字を出すための自分の行動を逆算できる人、逆算した日々の行動をやり切るという自己管理能力のある人、それを記録し、月の前半から集中営業することで成功体験を積み重ね、数字を上げる喜びを見いだせる人である。

逆算した営業設計による行動をやり切る力がプロである。月の前半集中営業がその成否を左右する。

5 現地案内の前後には、必ずお客様を店舗まで

安心感・信頼感獲得の道のり

営業の本質は、お客様からの信頼を獲得することである。そのための信頼を創造していくシーンのつながりが、営業プロセスである。現場で営業に携わっている営業マンやマネジャーの皆さんに、〈トップセールスのイメージ〉をうかがうと、即座に返ってくる答えが、「マメである」との言葉だ。

K店長の店の、ある営業マンのことを、お客様が「とにかく熱心だ」と言うそうだ。そして「そこまで、あなたが言うなら、一度物件を見ましょう」と、お客様に言わしめる。例えば、奥さんの具合が悪いと聞くと、その日のうちに果物を持って訪問する。何か祝い事があったと聞くと、すぐにハッピー電話をかける、などなど。バイタリティーがあり、あきらめないエネルギッシュな動きだ。多分、自分が出会った時からすべてがスタートだという意識で、毎日を新しく創造しているのだろう。

またK店長は、業績を出している営業マンは物件の案内後、必ずお客様を店舗に連れて帰ると言う。そこでお客様の感触を確かめ、人生における大きな買い物の決定と生活の青写真を描くお手伝いをする。

お客様自身はその決断で良いのか、その会社から購入すべきかなど、大きく悩んでいる。そのためにも安心感を持ってもらう。自社および自分への信頼感を創造することから可能性は広がる。

帰社して、お客様に腰をおろして一息ついてもらう。心の整理ができ、自分なりに安心、納得できる場面を営業マンが介在して創り出すのだ。さらにそこで上司から一押ししてもらうことで、モノの見方を広げ、契約のストライクゾーンを広げることができる。

案内前にも必ず店舗に来てもらい、お客様の気持ちをリラックスさせ、想像力をかきたてて、実際の現場へ足を運ぶ。もしクセのある物件であった場合は、先にクセのある部分を強調して伝えておく。さらりとではなく、少し大げさに思えるほど一歩突っ込んで、そのマイナス面を知らせておく。それは、ある別の会社のトップセールスとも重なる。

お客様が何を望んでいるのか？　真のニーズを営業マンが肌で感じて、そのニーズに近づいていく。お客様を現地案内前、案内後に来店・来社させることができれば、契約の決定率が高い。それは、お客様の安心感や信頼感を獲得していく道のりでもある。

営業の本質は、信頼の獲得と顧客の創造である。案内前後の来店・来社なくして良き契約なしである。

6 ヒアリング力を鍛える

自尊心を傷つけない会話を

お客様の紹介が多いAさんは、継続的に業績が良い。そのAさんに、「トップセールスのコツは?」と聞くと、「うーん」としばらく考えてから、「逆に全くダメなのは、しゃべりすぎることだ」と言う。最初から「年収はいくらですか?」とか、「年齢は?」とか、「仕事は何ですか?」では、気持ちが引いてしまう。また、物件の良さについて、お客様のニーズも聞かずにほめるばかりで、〈買ったほうが得〉の一点張りでは、営業のエゴが見えるばかりだ。

お客様との間の沈黙に耐えかねて、その時間を言葉の量で満たそうとする。また、自信がないと、沈黙している時間を上手につなげない。お客様を言葉でねじ伏せるのではなく、会話のイニシアチブ（主導権）を持てるかどうかが大きく成否を分ける。営業マンに人の話を聴く土壌があるかどうか。さまざまなことに興味や関心を持つための自己投資を惜しんではならない。たとえお客様の数がどんなに多くても、一人一人の情報の頻度・濃度・感度を上げないと、成約はおぼつかない。見込み客の多いことが、逆にマイナスに働くこともある。一人のお客様の大切さを見失ってはならない。

Aさんは、お客様に聴く。案内した物件について「すべてにわたって満足されましたか?」、あるいは、その物件を良く把握している場合には、「○○の点が気になりませんでしたか?」など、一歩踏み込んで聴く。つまり不満点を聴き出す。聴き出せれば、話をつなぐことができる。お客様の切実なニーズが、不満点に凝縮されている。そこに共感しつつ解決するプロセスが、お客様の希望を一つずつ形にしていくことであり、信頼の厚みが増していくことでもある。そして、お客様が納得してくれれば、成約が間近い。

また、業績の良いOさんは、「案内が取れないのは、継続的にフォローしないから」と話す。より突っ込んだ質問としては、「良い物件が出ましたが、思い切って買いませんか?」とお客様に問う。それに対しては、「一度見てみないと」と答えるケースが多い。そして、現地に案内する。ここでも、悩み、考え抜いた営業マンの想いが言葉に含まれていないと表面的になり、お客様の心はつかめない。事前に物件を良く把握していること、お客様の真のニーズを聴き出していること、これらの言葉をよく記録していることなど真剣な姿勢を示し、それによって聴く力を育てる。そして一歩、踏み出してみる。

また、会話は、イエス・バット(Yes・But)で行うクセをつけると良い。話をいったん「はい」と受けとめる。そして、「しかし」と続けるのだ。つまり、相手の自尊心を軽視しないことである。人は誰でも自尊心を持っている。それを無視すると、人間関係はうまくいかない。例えば、返事をしない、目が合っても無関心を装う、ぶっきらぼうな対応や笑顔がないなどの振る舞いだ。まずその人の存在を

うまく セールス できません
おまえは セールストークが 強すぎるんだよ
え？
これからは セールス ヒアリングだ
相手のことを よく聞いて そのことを 質問する
相手の 自尊心に 心を配って 会話をする
ところで 昼めし どこにします？
おまえ 今も 聞いてなかっただろ

受け入れて、そこから会話は始まる。自尊心を傷つけないことが、人間関係をスムーズに運ぶコツなのだ。

質問は会話の入口である。聞きながら相づちを打ち、受け入れることで、会話の主導権を持つ。そのためには話の間口を広くして、その人に対する関心を強く持つことだ。

質問するポイントは二つある。①相手の聞いてほしいことを聞く。相手の会話の中から、質問できる項目を見つけ出し、そのことについて聞いてみる。自分の述べた言葉については、つい答えたくなるものだ。②相手の言った言葉を繰り返してみる。それは共感を込めて、さらに話を聞きたいと思いながら、繰り返してみる。熱心に聴いてくれる人には、話したくなるものだ。

お客様との会話に行き詰まってくると、すぐに値段を下げると言う営業では魅力がない。むしろ、しゃべりすぎず、相手の話を聞く受容能力を磨き、セールスヒアリングを鍛えることである。

〈真のサービスとは、お客様の話を熱心に聞くことであり、それが顧客満足を高める〉と肝に銘ずるべきである。

セールストークの時代からセールスヒアリングの時代へ。営業スタイルの重要な転換点の一つである。

7 『ワンモアイズム』を信条に

自分流のスタイルがあるか

営業成績を上げ続けることについて、不安が押し寄せてくる時がある。不安に陥る時、たいてい、「待ち」の姿勢にある。業績を出すには力がいる。さらに、業績を上げ続けることは何よりも難しい。

営業で開拓の対象は、結局のところ、①新規開拓、②既存客のリピート・紹介客の開拓、の二つだけである。既存客のリピート・紹介客の開拓がうまくいかない時は、原点に戻って、新規の開拓を徹底して増やすこと以外にはない。その新規を取るためにチャレンジする心構えは、『ワンモアイズム』である。それは、「もう一本の電話」「もう一枚の葉書」「もう一件の訪問」である。

ある業績の良い会社では、これらを〈夜九時半からのストーリー〉と呼んで、かなり効果のある営業結果を出している。分譲マンションの売れ残り部分の約半数を、飛び込み営業で決めたという。工場地帯の真ん中で、ロケーションや環境が優れているとはいえず、完売には困難を強いられた。そこで、飛び込み営業を主体にローラー作戦を取っていたが、だいたい夜の九時頃にはそれも終わる。疲れて、ぐったりするのだが、Ｙさんは、そこからが大事と語る。そこで、もう一件、もう一件と思って、ワンモアイズムの気持ちで飛び込み続けて、お客様のドアをオープンしてもらう。そして、お客様の心をオープンにしたのだ。自然とお客様がドアを開いて、話を聞いてくれる。現在の家賃との対比や、必要性を呼び起こすことで、今まで関心が薄かったお客様が「欲しい」と思い始める。そして、契約に至る。「ストーリーを作る人になる」というＹさんの話は、営業として持つべき考え方を凝縮したものだと思う。

私達にも経験がある。あと一件と思った時に、見込みの高いお客様と出会ったとか、もう一本と電話をかけたその時に、大きなチャンスが待っていたとか、もう一枚と思って書き送ったその葉書に、お客様から感謝され、紹介があったとか、日常でも十分起こり得る。だからこそ、業績が良いという時ほど、心を引き締めてかかることが大切だ。思い込みや独断を持たないように心を戒める。

トップセールスマンは、自分なりのスタイルを持ち、自分というものをしっかりと持っている人が多い。そして、誰よりも多くの人に会って、接触を続けているということは確かである。勇気を持って人に会うことを心がける。結局は、やるかやらないか、能力は、Ｃａｎではなく、Ｄｏなのだ。

大福帳

ギリギリのところで、もう一歩の執念と行動が成否を決める。能力はＣａｎではなく、Ｄｏである。

8 情報提供者へ経過と結果をフィードバック

〈情報〉はランクアップできる

K店長は好業績を出してグランプリ店として表彰された。10年ほど前にお会いしてから、どこのエリアの店長になっても、営業社員を育て続け、トップの業績店に躍進させる行動に、注目している。

「良い情報があれば契約できる」と、営業マンはよく口にする。しかし、問題はそこだ。K店長は言う。営業の成すべきことは、①良い情報を出してくるか、②今の情報を、良い情報にランクアップするかである。どちらにするかは、営業マンの主体的取り組みいかんである。どちらにせよ、情報収集能力をいかに高めるかが、営業の課題である。今、各社は、チラシ配布やオープンハウスなどにより、顧客との接点部分での情報密度を高めようと、熾《し》烈《れつ》な競争の真っ最中である。

その時、〈情報の価値〉とは何かを自らに問わねばならない。つまり、①新鮮であること、②正確であること、③迅速であること、④良質であること、この四つの条件を満たす時、その情報には生命が吹き込まれる。情報という形のないものを、魅力的なものに形づくる条件の一つは、〝人の口から出た時〟

である。情報収集が困難な時こそ、情報が人から入る、人の口からもたらされるといってよい。

K店長がいつも営業マンに繰り返し言っていることが、「フィードバックせよ」ということである。会社の特色として、有力な情報を収集しやすいベースがある。そこで、お客様に電話をする時は、同時に、その情報提供者にも電話を入れることを言い続け、そのことをとても大事にしている。お客様と同じだけ、情報提供者にも連絡している。業績の内訳は、業者からの紹介や、リピートのお客様（あるいはその紹介）で六割を超えるというのもうなずける。これは情報の源である人を大切にし、感謝されていることの結果である。ヒューマンネットワークの構築を、今後もめざし続けることで、人間関係がケアされていくはずだ。

セミナーにおいて、「信頼される営業マンの要件は？」と営業マンの方に聞くと、〈マナーの良い人〉〈約束を守る人〉〈専門知識のある人〉〈地域に精通している人〉の四項目は必ず挙がる。その中の〈約束を守る〉という行為の延長上に「フィードバックする」はある。すなわち、安心感の裏付けがあることで、信頼度はますます高まり、信頼してくれる人が多くなることで、情報提供も多くなるという循環を成す。

情報は価値がなければ無意味である。情報の源である人のケアは、情報の価値に輝きを与える。

9 印象管理を大切にする

好感度の高いプラスイメージの徹底

例えば、電話で何度話をしても会話は進展せず、いつも振り出しに戻り、一から始めなければならない人がいる。一方、一度話しただけでも、ずっと以前から知っていたような親しみがあり、安心感を持てる人がいる。人は、物の見方・考え方、そして感じ方により、それぞれの個性というものが決まる。基礎的・初歩的・具体的な接客にこそ、その個性が発揮される。営業において、今日は今日に終わらず、今日は明日につながっているのだと実感できる時、人はおのずと意欲がわき、確かな夢を持つ。接客は、企業のCS（顧客満足）対応力を測るバロメーターであり、企業戦略の一つである。コツコツと積み上げて、相手に良いイメージを感じさせなければ、企業とお客様との距離は縮まらない。

ある会社では得意先名簿をつくり、新しく社員が入ると、まずその名簿の名前とお客様の電話の声を一致させることから教える。お客様の関心は、名前を覚えられ、名前を呼ばれることから始まる。

また、K店長の親しい取引先であるA社も、接客がひときわ光る会社である。その会社に一歩入ると、いっせいに全員が立ち「いらっしゃいませ」と明るく挨拶する。それから四〇歳代の女性がにこやかに話しかけてくる。「今日は、いいお天気ですね」「暑くなりましたね」など、さしさわりのない、しかし気をそらさない話し方だ。そして「社長の〇〇ですね」とつなぐ。それからは電話をしても、訪問しても、自分から名乗らなくても覚えていて、即座に対応してくれる。その素晴らしい気配りのある接客にK店長は心を動かされ、感動を覚えたと言う。そこで、土地の仕入れ情報は、主にその会社に絞って取引しているそうだ。

営業ウーマンのSさんは、案内用の車に、フレッシュなリンゴやグレープフルーツなどを置いている。車内のさわやかな自然の香りでお客様の気持ちをリラックスさせ、案内をスムーズに運ぶ。また、お客様から電話があると、その日のうちにすぐ訪問することを鉄則にし、トップを維持している営業マンもいる。

実はその人達こそ、営業の基本を大切にし、好感度の高いプラスイメージを徹底して管理しているのである。その印象的な第一歩の行動で、まず他者に勝っている。どのような営業マンも、今日から、明るく元気に、声を大きく出して、礼儀正しく接客すれば、すでにその印象は相手の心に刻まれる。

しかし、簡単に〝分かっている〟と思うことは、案外、軽視しがちである。〝明るく〟と一言でいわれることも、ただ単純に、考えもなしに表現されるものではない。物事を肯定的に見ようとする考え方や、自ら明るくありたいと思うからこそ、明るく振る舞うことができるのだ。そこから出た動作は、自然と周りの人に光を放つものとなる。〝元気さ〟も同じく、キビキビ行動することや、ハキハキ対応す

いらっしゃいませ
明るくて気配りのある接客だ
ここと取引きしよう
好感度の高いプラスイメージを管理することこそ営業の基本だな
おまえも好感度満点だ
よしよし♡
家族は冷たいけど…

る仕草を大事だと思い、日常の行動から習慣化していくことが大切なのである。

物事には、両面性がある。〝明るい〟の反面は〝暗い〟である。自らに与えられた苦難や、どうしようもない悲しみに遭うこともあるだろう。日常の不安や苦しさは、生きている日々、いつでも隣り合わせである。その時はじっと黙って相対してみる。我慢することも必要なのだ。耐えた時間の熟成が、目には見えずとも美しい花を咲かす。さまざまな人に出会うが、不思議と明るい波長を感ずる人がいる。そういう人は、人に言えないほどの困難や苦しさを知っている人が多い。〝明るい〟というその人の印象は、本人が意識的にしている、イメージを大切にしたいという重要な行為なのだ。

「営業は接客に始まり、接客に終わる」という言葉がある。当たり前のことを当たり前にし続ける行為そのものが、営業マンの強力な武器である。それはとりもなおさず、これからの営業マンにとって重要な、信頼を形成する印象管理となるのである。

どれだけ好印象を管理できるかが、信頼形成のカギとなる。プラスイメージを最後まで貫くことだ。

10 契約後もゆれ動く顧客心理

契約逆転の可能性はどこにもある

お客様の立場に立ってみると、いざ契約という段階になっても「この会社で本当に大丈夫だろうか」との不安感をぬぐえないものだ。そういう場合、お客様が同業他社に電話で問い合わせているケースも多い。お客様は、最終的に専門知識のある誰かに確認したいと思う。何度も比較検討のうえ、自分自身を納得させる理由を求めているのだ。

これは、営業マンKさんの例である。ある日、何度か訪問していたお宅にKさんがうかがってみると、奥さんが「実は他の会社と契約をしました」と言う。Kさんは、ガッカリして気落ちしたのは言うまでもない。萎《な》える自分の心をこらえて、奥さんの話を聞いてみた。モデルルームで見たその会社の建物の外観が、まず気に入ったこと。そして、設備にも満足できたこと。さらに、奥さんが気に入った理由のいくつかを聞いていった。しかし、その中で、実は設計については、まだ少しの不満が残っていることを知った。決めたといっても、お客様の心は、まだ微妙にゆれ動いていたのである。

そこで、「せっかくのご縁だからお願いします」と、Kさんは、自社にも設計図を描かせて欲しい旨、奥さんに熱心に伝えた。そして、一級建築士を同行して何回か接触するうちに、奥さんも心を開いてくれて、参考までに図面を描かせてもらうことを了承してくれた。同じグレード、同じ内容なら、自社のほうが気に入ってもらえるという商品への愛着が、熱意と自信になってお客様に伝わったのである。特に、お客様がかなり気にしていた音の問題や断熱、水回りなどの主要な個所を大切にして、何回もプランを出し直した。そして面談後はそのつど、感謝の葉書を欠かさず出し、電話、訪問を増やして、誠意と一生懸命さを伝えた。25回目に訪問した時のことである。お客様は、他社を断って、Kさんの会社と契約したのである。

これは、自社と契約するつもりのお客様も、他社が入り込んできて、そこと契約するケースもあり得るということである。いかなる場合にも、契約したからといって安心は禁物である。契約してもお客様の気持ちは揺れている。本物のトップセールスマンにとって契約を確かなものにするためには、契約後も安心することなく、積極的に足を運びフォローして、お客様の心をつなぎ止めることが欠かせない。

大福帳

契約成立後、物件の引渡しまでは顧客の迷いと不安は残る。安心は禁物である。

11 対人関係の基本はミラーリング効果

余裕を持つことで信頼度は増す

物件を購入しようとしているお客様は、希望の物件をよく知っているものだと、H店長（女性）は言う。ある日、47歳のサラリーマンが、インターネットで物件を検索して、H店長のT社にアクセスしてきた。T社は建売住宅がメインであり、自社分譲以外にも、販売の仲介を数社に依頼している。その男性は、インターネットやチラシの情報を見て、数社の中から、〈仲介〉ではなく、〈売主〉と表示のあるT社を探し出して問い合わせをしてきたという。

すでに、欲しい物件をお客様自ら絞り込んで、自分で現地を歩き、物件調査をしている。日当たり、駅からの距離、価格の相場など、生活の環境も含めてよく調べている。このように、真剣に物件を探している人ほど、自分で事前に調査して、自己納得の裏付けを得たいのである。それだけに、営業マンは物件をよくリサーチして、専門性を生かしたうえで物件調査を徹底し情報提供をしないと、お客様との間に事実認識や、情報の不一致がおこる。お客様は実によく見ているし、よく知っているのである。

今こそ、粗雑なアバウトから、分かりやすい〈ていねいさ〉に変えるべきである。その〈ていねいさ〉を、言葉のみでなく、具体的に実践することだ。〈ていねいに調査する〉〈ていねいな資料の出し方をする〉〈ていねいな接客をする〉ということが、一つずつ《信頼》を確実に形成していく。例えば、H店長は、駅まで8分の距離を「ご主人の足だと8分、奥様だと10分ぐらいかかりますね」と、親身に分かりやすく説明する。さらに、T社では、建売住宅の着工から完成までをビデオに撮り、それをていねいに説明しながら、お客様に見せる。そして、見終わったビデオは、きれいに包装してプレゼントする。お客様は喜び、感動する。

これからは、より親密な、お客様に近づいた〈ていねいさ〉が、他社との差別化の重要なキーワードとなる。そのためには、お客様を想う想像力が大切だ。〈大切なお客様だ〉と思う、こちら側の心の姿勢が、顧客イメージを形成する。しかし、〈イヤな客〉だとか、〈見込み客でない〉と思うと、ていねいさは出てこない。お客様はすべて自社のファンにするのだという気概と、顧客の視点に立つことで、ていねいさは出てくる。

そこで、『ミラーリング』という対人関係の基本原則を知ることが大切になる。『ミラーリング』とは、ミラーは鏡を意味し、心をお互いに向き合わせて人間関係を結んでいく形を、現在進行形の「ｉｎｇ」で表現したものである。

人は、相手に対してプラスの刺激、例えば相手に関心を持って好きになるなど、プラスのイメージを与えれば与えるほど、相手も自分に対してプラスに反応して、自分に関心を持ってくれて、好感を抱い

ご主人の足だと8分 奥さまだと10分ほど かかると思います
ていねいな 調査と わかり易い 説明ね
これは 着工から 完成までの ビデオです よろしければ DVDに して お送り します
親身に なって くれて 気に入った
お客様への 態度は そのまま自分に 返ってくるものですね
ミラー リング 効果だ
店長 鼻毛が
あっ ミラーリング ありがと

てくれる。また、相手をイヤだと思うようなマイナスの刺激を自分が与えてしまうと、相手も実に不愉快でイヤな感情を持ち、マイナスの行動をとるようになる。お客様との関係もそうなのだ。

営業の世界ではよくあることだが、自分の思いがお客様や部下に伝わらない。よかれと思ってやった行動の結果が、全く逆になる。あれもしたい、これもやりたいと思うばかりで、なかなか思いどおりに進まない。そんな時、H店長は「自分を追い詰めすぎないようにしている」と言う。達成１００パーセントから引き算で考えてばかりいて、自分を責めすぎると、考え方や行動が行き詰まってくる。そんな時は〝できるんだ〟という方向に自分の考えを方向転換してみると良い。１００パーセントのうち70パーセントはできた、80パーセントはできた、あと残り30パーセント、あと20パーセントだと考えると、やったことを反すうできるので気分が晴れる。そして、自分なりの工夫で、より達成意欲が高まる。そこから余裕が出てくる。

お客様との間にベストを尽くしたら、その後の選択はお客様に任せる。要は、お客様を追い詰めないことだ。そう思うことで、むしろ自分に余裕ができ、お客様の信頼度はグンと増すのである。

相手の反応は、自分が相手に与える刺激（行動）の仕方に即応する。『ミラーリングの法則』は、魔法の杖だ。

⑫ 細やかな配慮で感動をプロデュースする

例えば契約シーンの演出は

　クロージングとは、営業マンが主導してお客様の物件選択の幅を、一つずつ絞り込んでいく行為である。そのために、〔接触 ↓ 追客 ↓ 契約 ↓ 紹介〕という一連の営業プロセスによって、お客様の不安感を取り除き、納得度を徐々に増していくようにする。そして、お客様の感動をプロデュースして、最後にはお客様の笑顔を見たいのだ。

　トップセールスマンは、営業の各場面で特に神経を集中し、意識して気を付けている点があるものだ。例えば、お客様宅で玄関から上がる時、「きちんと靴をそろえる」営業マンがいる。自分の行為をさり気なく示すことで、ごく当たり前のことも洗練されたマナーとなる。別の営業マンは、訪問宅で「お茶を飲み干すことを心がけている」と言う。ある時、お茶とようかんをすすめられた。しかし、出されたものを残して帰ろうとしたら、お客様のヒンシュクを買った。それからは与えられた好意を素直に受けようと、好き嫌いを言わず、お茶もお菓子もいただくようにしているという。

またある営業マンは、カーボン付きの二枚重ねの打ち合わせメモを使用している。いわゆる〈言葉の領収書〉である。記憶より記録で、お互いの言葉を書きとめ、「言った」「言わない」をなくすようにして、お客様との明確な関係をつくり出している。耳で聴くことに、手で聴く（＝メモする）行為を重ね合わせると、お客様の安心感や親身さは、より強まってくる。

不動産の契約シーンは、お客様にとって、人生における大きな買い物の場面であり、重要な決断の場である。そこには、程よい緊張感と、なごやかなムードが欠かせない。お客様の心が揺らぐ時であるだけに、服装一つおろそかにしない。ある営業マンは意識して正装する。きちんと上着を着て、ボタンを留める。髪形も不快感を与えないよう配慮して、つめも切る。それは、お客様の自尊心を高めることになる。契約は往々にして性急になりがちであるが、あえてていねいに、ゆっくりと説明する。契約用のペンを別に用意している営業マンもいる。お客様の大きな決断に敬意を払い、わざわざ高級なモンブランのペンを用意しているという。感謝の気持ちを形で表す。また、印鑑は必ず両手で押す。ていねいさが大切なのだ。お客様の感動をプロデュースできる営業シーンは、次の「紹介」につながり、信頼のきずなを太くする。

シーンメーキングを明確にし、場面設計（感動設計）ができる営業マンは、お客様の心をつかむ。

13 つなぎ営業のエッセンスを学ぶ

マメな接触のための「仕掛け」と「仕組み」

営業は接触が大事である。接触の連続の中で、お客様との信頼関係を形成し、契約に進めていくプロセスが営業活動である。不動産業は高額なものを商品としているだけに、一回の接触で即契約することはめったにない。即断・即決を望むよりも、マメな接触と的確な提案が不動産営業には必要である。一度だけでなく数回にわたって接触するために、いかに「仕掛け」「仕組み」を取り込んでいくか、その行為が「つなぎ営業」である。連鎖的なつながりの中で自分を知ってもらい、会社を知ってもらう。そして物件や周囲の環境の良さを知ってもらう。それが営業マンの能力には欠かせないプロセス展開である。それを一つずつステップアップしていく努力の中に、トップセールスマンたちの知恵と汗と工夫がにじんでおり、自ら苦労してつかんだエッセンスがある。いくつか印象的なエッセンスを紹介する。

まず最初に、お客様に連絡をとる場合、エリア内は郵送せずに、訪問して手渡しすることを、行動の原則としている人がいる。シンプルなことを徹底することから、秀でた営業力が生まれる。お客様からのリアクションをとることが、つなぎ営業である。それには自分のワンプッシュが必要であり、一つの行動をいかにつくっていくかである。一つの刺激がないと、一つの反応はない。例えば、反応が分かりにくいお客様に郵送する場合、中にメモを入れておく。訪問予定日をメモして入れておくと、ＹＥＳでもＮＯでも何らかの反応が得られる。次はそれをもらって訪問できる。

次に、最初に訪問した時、お客様から宿題をもらうことである。何か宿題を見付けるといってもいい。例えば、学区の問題・設備のこと、駐車場が近くにあるかどうかなど、関心の強いことを察知し、質問する。そこから宿題をもらい、関心をつなぐのだ。また、三日以内の連絡をとることも重要だ。それは見込み度が高くなったお客様をよりマメに、スピーディーにつなぐ。競争の厳しい中では他社に決定される可能性もある。早め早めにお客様の心理の変化をキャッチし、それに対応した動きをつくるのだ。

つまり「つなぐ」媒体は、①物件、②行動、③情報、④サービス、⑤人間関係、の五つからなる。お客様の関心を確かな手がかりとして契約まで進めるために、自分の営業力の強味は何か、どのようにつなぎ営業するのか、一度、自分を客観視してみると、やるべき方法が見えてくる。

初回の接触は誰でもできる。二回め以降のつなぎ営業ができる工夫が、重要な営業力なのだ。

14 継続は勝者への道

知っていることと、行動していることの違い

勝者と敗者の分かれ目は、「続けている」かどうか、という継続力の差だといえる。「続ける」ことのできる人は、その行動のベースとなる明確な考え方を持っている。つまり、さまざまな営業手法を深く掘り下げていくと、継続して行動できる人が持つ共通の考え方と、行動の仕方に行き着く。

賃貸と管理を中心に積極的に展開しているI社長は、いつでも車のトランクに、修理の「七つ道具」を入れている。それはお客様に役立ちたいという気持ちを持ち続けているからだ。特に仕事上、生活にかかわる水回りなどのクレームは生じやすい。そこで簡単な修理はすぐにその場で自分が直す。I社長は、多くのお客様をファンに持ち、お客様の紹介が絶えない。

大手不動産会社のM店長は学びを続けている。継続的に目標を設定し、宅建取引主任者資格のほか、難関である中小企業診断士の資格を取得した。しかもその間、店舗の業績が落ちることはなかった。今も新たな目標に向かって挑戦し続けている。また、女性のトップセールスKさんは、手作りの封筒で、

継続してお客様に手紙を出している。カレンダーや包装紙などを利用したオリジナル封筒である。その手作り封筒で手紙を受け取り、感動したお客様は数えきれない。お客様を思い続ける力が強いのだ。

これらの例が示すように、継続して勝利を自分のものにしている人達の共通点は、次のことだ。

①常に目標を持って仕事をしている。
②提案力があり、役立ちたい心と発想が豊かである。
③失敗した時の原因を常に考え、次に生かしている。
④成功した時も、何が良かったのか分析し、さらに向上しようと啓発している。
⑤明るく元気に素直に行動している。
⑥自己管理が徹底している。

やはり、「続ける」には、クリエーティブな考え方が必要だ。私達はつい、知らず知らずに思い込みをしている。知っているということを、継続して行動していることと錯覚している。知っていることと、行動していることの違いに気付くと、トップセールスマンへの勝利の扉は大きく開かれる。

「継続は力なり」である。また、知っていることと、行動していることの違いに気付くと、人は成長する。

15 フィニッシュを決める

着地のキメは、より良い次の始まり

何事も着地が大切だ。体操選手の素晴らしい演技のすべてを象徴するような、ピーンと背すじの伸びた着地。スキーのジャンプ台を勢いよく踏み切って、整えた姿勢のまま滞空時間をできるだけ長く保ちうまく着地する。また筆字にも起筆、運筆、終筆があり、その運び方に精神の統一を貫く。

営業においても、お客様と接触した後、ていねいに見送る。電話の受話器を置く時は、乱雑にガチャンと置かず、相手が受話器を置いたことを確認してから電話を切る。契約の場面で、次の新しいお客様に心が向くことがあっても、これまでのお客様への関心を捨てず、より強い関心力を持ち続ける。このプロセスの進め方いかんで営業スタイルは決まる。

お客様のまぶたに、営業マンのどんな姿が描かれるのか。いつまでも信頼できる営業マンのイメージを浸透させていくことが大切だ。どんな時でも、良いイメージを形づくろう。さらに、良い情報や良い人に出会うかも知れないという期待や予感を、お客様に抱かせることができるようになったら、確実に見込み顧客は増える。

　次につなげるためには、フィニッシュを決めることだ。終わりは始まりである。だから、自己表現としての前向きな明るさは、その次のお客様との明るい出会いを感じさせる。努めて明るく振る舞おうとする強い意志は、今だけを創り出すためではなく、その先にあるだろう新しい可能性のエネルギーとなり得る。そして物事を積極的に肯定する力もそうだ。何事も否定してしまっては、それ以上前に進めない。すべてが終わってしまう。新しく生み出したり、創り出す力が求められる。

　今、不動産は所有価値から利用価値へと変わりつつある。そして、不動産業には新たな環境価値を創造する力が求められる。

　始動があればフィニッシュがある。営業マンは、意識して高らかに「フィニッシュを決める！」と、自らに宣言する。当面の着地点は、次につながる通過点ともなる。フィニッシュを決めることが、目には見えないお客様からの信頼という、営業の大事な要を創り上げていく分岐点となるのだ。

営業に終わりはない。終わりは始まりなのだ。常に次を考えた終わりをイメージして行動しよう。

16 キーワードは、期待と予感

お客様に、次も会いたいと思われるか

営業マンは、一度だけでなく、二度も三度も会いたいとの思いをお客様に抱かせているか？　それは、営業の通知表でもある。お客様は一つの物件を決めるまでに、一度ではなく、何度も考え、何度も質問する。その時に、次もその営業マンに会えば、何かしらの方策や手立てや、次の打つ手を一緒に考えてもらえると思われているであろうか？　営業マンへの期待と予感をお客様が持つかどうかは、どんな営業行動を示したかによる。営業の成否が、そこで決まる。

また、店舗においてもそうだ。そこに行けば（あるいは、そこのホームページを開けば）、欲しい情報や、何か思わぬ良い情報に出合うかもしれない、良い営業マンに出会うかもしれない、そういう期待や予感を、お客様に感じてもらえると良い。インターネットの普及がめざましく、物件への問い合わせもネットを通してなされるケースが多い。だからこそ、直接会う場合よりも、さらにイメージの及ぼす影響に気をつかう会社が増えてきた。必ず営業マンの顔写真を入れる。それも笑顔であることを心がけ

ている。
また、物件写真も、よりリアルに見られるようにネット上でのオープンハウスを実施している会社もある。情報が公開され、誰でも簡単に物件情報に出合う時代になり、お客様の選択眼は厳しくなった。そこに不動産営業の役割がある。専門性を深め、物件・市場・お客様の情報基盤を構築しながら、自分自身を磨き続けることが大切だ。

人の介在を、不動産業は大きな柱とする。営業マンのヒューマンスケールが、お世話する物件の見方、お客様自身の生活の仕方に役立つことができるか？　不動産業は人間業であり、お世話する営業マンの人間力が大きく影響する。多くの人と出会い、普通では知り得ない家族関係の機微を知る。相手の状態が良い時も、良くない時も両面で、物件を通じて出会いが創られることが多い。それらは、大変な人間勉強であり、学ぶ姿勢があれば、これほど豊かに学べる機会の多い職業は少ない。

特に、若手の営業マンは、社会的経験が少ないので　もうダメだ　と思うこともあるだろう。しかし、厳しいことも、難しいことも、自分の人間力を鍛える大きな勉強の場として捉えることだ。そして、本業である物件の情報に誰よりも詳しくなる努力、物件のあるエリア（市場）の情報にも精通する努力が重要なのである。そして、お客様の心をつかむためには、お客様に最大限の関心を向けることだ。そのために、まず感じたら即、動く（感即動《かんそくどう》）、感じたら即、調べる（感即調《かんそくちょう》）を、自分の行動の基準にすると良い。学ぶ姿勢で気持ちを整理していくと、自然と元気が出てくるはずだ。それは、素晴らしい爽やかな自己表現となる。

Aさん いつも イキイキ していて いいわね
いや まだまだ 勉強中です
Aさんの 感即動や 感即調は 期待が 持てるよ
次も 会いたい
はい！
どうかね ウチの 娘？
期待 しちゃう

いつでも、自分のイキイキ感を演出するのだ。マネることからでも良い。人がイキイキ行動しているから、その店舗に動きがあるように感ずる。人がニコニコしているから、お客様を受け入れている雰囲気をかもし出す。人がテキパキ対応するから、快活なリズムを生む。出会いは、リズムであり、タイミングである。いつとはハッキリ決まっていない営業の日常での出会いを、逃さないことだ。そのためには、イメージ・イズ・エブリシングである。いつでも良いイメージを創ることで、次の成果が期待されるアクションが生まれる。

トップセールスマンへのキーワードは、お客様に抱いてもらうべき〝期待〟や〝予感〟なのだ。お客様に、このイメージを持ってもらうために日々の努力と行動が欠かせない。営業に楽しみを見つけ、自らが真剣に行動している。真にそう思える時まで意識して、自分自身を演出する。その思いが、お客様と自分達の期待や予感が響き合う店舗と営業の賑わいを創り、活気を生む。そして、住む人の夢を創るのだ。

期待や予感を持てる営業マンは魅力がある。イキイキ感こそ、その魅力の核心となる。

⑰ 人は変化するようにできている

自分のカラを破り、お客様に一歩でも近づく

週末、電車で二時間ぐらいのところにある温泉に行く。そこは天然温泉で、日曜の午前中は人の入りは六割といったところだ。そこで露天風呂に入る。長くお湯に浸かっていられないので、出たり入ったりしながらイスに腰掛け、外を見る。目には昨日までの雪を着飾った木々の間を抜けて、下には渓流だ。ずっとそこにいても飽きない。木の葉から雪が溶けて落ちる様や、陽の光にキラリと水滴が輝く瞬間や、サワサワと水の流れる音や、鳥がすっと横切る空間など、自分の目や耳や全身で周りの変化をとらえる。変化が好きなのだ。人は自分の中に 変化 を重ね持っているのだろう。

スーツがよく似合い、キレイでスマートなルックスのKさんは30代半ばの女性だ。些細なことですぐ落ち込んでしまう。そんな自分がイヤだという。しかも、気持ちの浮き沈みが激しい。そんな自分に不動産営業の仕事は務まらないのでは……、と考える日々が続いていた。そんな時に、弊社の『営業マン・クリニック』を受講された。「なぜ自分は落ち込むのか？」↓「それは自分がカベに当るとすぐに

ダメだと思ってしまうから」。更に考えを進めてみる。「なぜダメだと思うのか？」↓そうするとまた、些細なことですぐに落ち込んでしまう自分に改めて気付くのである。このことの繰り返しであった。しかし、Kさんは外見から判断すると、表情は明るいし、透き通るような声で、肌も美しい。言葉遣いもハキハキと優しい。そこから、悩むことは一見程遠いところにあるように感じるが、実はとても繊細で壊れやすい感受性の高い心の持ち主なのである。

Kさんは、シングルマザーで二人の子供を守り育てるしっかりした母親でもある。休日は、朝早くから起きて子供達の朝食を作り、一日中子供達のために過ごすことが何よりの楽しみで一番リラックスできると、快活に笑う顔は愛情溢れる母の顔だ。不動産営業の仕事は、Kさんが子供達を育て上げるために選んだ仕事である。だからこそ、今ここであきらめたり、つまずいたり、すぐ落ち込んでしまうようなことはできない、と改めて自分自身に言い聞かせた。そうするうちに、うつむきがちだった目線を高い空へと移し、大きく深呼吸した。身体の汗だけでなく、心の汗をたくさんかいた分だけ、新しい自分になれる。

ようするに、自分次第。「私はこの仕事が好き！」「お客様と話をするのが好き！」それが本来の私なのだ。もう一度、一から頑張ってみよう！　私は私のままでいいんだ。そう思えた瞬間に、不思議と今すぐにでもお客様と会いたくなり、スキップして帰りたくなったのだ。今までは、自分で勝手に自分のカラをつくっていた。やはり、勇気を出してお客様に一歩でも近づいてみると、自分が思っていたよりずっとお客様の感度がよかったりするものだ。その喜びや嬉しさが、一つずつ自分の自信の裏づけとなり、積み重ねられていき、大きく前進するエネルギーになったのである。

それからは、ますますKさんは予定を入れていき、ドンドン人に会い、営業のスピーディなテンポに自分を乗せた。入社して5年。こんなに営業が楽しかったなんて！　そう感じるワクワクした気持ち。ときめく気持ち。それは人を恋する時の気持ちに似ている。恋をすると、人は誰でも相手のすべてを知りたくなるものである。知ることで同じ想いを分かち合いたいと思う。営業も同じである。お客様のことを思えば思うほど、知りたいと思えば思うほど、相手に近づきたくなるものである。何事も決めたら強い。肩の力を入れて「こうしなければならない」と堅苦しく考える必要はないのだ。自分流で好きにしていい。すべての営業のベクトルをお客様に向けていき、そのすべての結果を自分で背負い込む覚悟さえあれば、自ずと運も開け、業績もよくなっていくものだ。

Kさんは、最近、社内にいる数百人の営業マンの中で、トップ営業パーソンになった。輝く笑顔と美しさが、内面の充実度を映しだしている。人は変化するようにできているのだ。

営業は恋に似ている。
思えば思うほど、相手に近づきたくなる。

第四章

スランプ脱出法

1 自分を信じてやり続ける

誰でもスランプに陥ることがある

トップの成績を上げるには、相当の努力がいる。トップを続けることはさらに難しく、至難のわざである。初期段階から絶頂期を迎え、その時に次の手を打つことで、スパイラル的なプラスの循環をめざす。つまりトップをキープするコツは、いい時に慢心せずに、素早く、次の手を考えられるか、ということにかかっている。

スランプには二通りある、とYさんは体験的に語る。①自爆的スランプ（陽性スランプ）と、②自滅的スランプ（陰性スランプ）である。①は慢心・過信・独断により生まれ、②は不況などによる焦り・悩みから生じる。これらのスランプはなぜ起こるのかというと、通常は、頭で考えることが先行し、行動が鈍ってくる時、姿勢や態度が横柄になった時、できない理由や言い訳ばかりをする時、やっていないのに一生懸命やっていると口にする時、焦り・いら立ちから即効性のあることを求める時などである。

「どうしたんだ？　Aさんの件は」と上司が問う。営業マンが答える。「あの物件は売り値が高いんですよ。で、客に一生懸命に値を下げるように言っているのですが、ダメなんですよ」。こういう場合は、たいてい、お客様を「客」と呼んでいる。話は結局、「売れないのは、私の責任ではない」ということである。すると現実から逃避しようとする傾向が強くなり、会社にいたくないと思い始める。会社の黒板には、行き先を書いて出掛けるが、たいてい公園に行って寝ているか、パチンコに行くようになる。

思うに、このスランプを整理して、体系的に客観視できたところに、トップセールスマンであるYさんの強じんな営業力がかいま見える。スランプに陥った時、その壁の乗り越え方いかんで、営業マンとして、人としての自信や魅力は裏付けられていく。仲介業のポイントは、情報の量と質とタイミングであると言うYさんは、「いかに当たり前のことを当たり前にできるか」がスランプ脱出のコツだと確信する。とにかく、やれることからがむしゃらに、体裁や格好を捨てて行動する。そして、あれこれ考えない。行動の結果のすべてを肯定的に捉える明るさ、前向きさが大切だ。最大の難敵は自分自身であることを肝に銘じ、これでもかこれでもかと、徹底継続することである。やり続けない限り果実は取れない。必ず結果はついてくるという強い信念で、「原点回帰」することでスランプからテイクオフできる。

大福帳

最大の難敵は自分である。基本を忘れ、自分を甘やかすところからスランプは始まる。

2 戻るべき「原点」を持つ

営業の基本行動を意識する

スランプとは、目標に向けた自分の思いと、その結果が空回りし、業績不振に陥ることだ。相手の反応が見えないブラインド状態だ。

Ａさんは、以前、ある不動産会社の営業所長であった。昨年春、独立して、不動産と保険の会社を開業した。この七カ月を振り返ってみると、お客様の数が圧倒的に少ない。おのずと売上げも少ない。愕然とした。「売上げが上がっていない時は、よく考えてみると実は人に会っていない時なのです。」そんな時思い出したのが、所長をしていた頃、営業社員によく話していた『ＫＡＳＨの法則』である。Ｋ（Ｋｎｏｗｌｅｄｇｅ＝知識）、Ａ（Ａｔｔｉｔｕｄｅ＝態度）、Ｓ（Ｓｋｉｌｌ＝技術）、Ｈ（Ｈａｂｉｔ＝習慣）の頭文字をとったものだ。これは、営業として業績向上に欠かせない四つの要素である。その時やっていたことが、独立して業績不振の今、いかに大切だったか、改めて思い知らされたのだ。

例えば、仕事に向かう生活態度が常に前向きか、もしマイナスの状態にあるならば、「私はできる」

と大きな声で誓ってみたり、朝は早く起きて、仕事の準備態勢に入る習慣を守ったり、挨拶はハッキリと明るい声で行うなどだ。そんなに目新しくはないが、素朴で、汗と努力の日々の生活習慣が、継続した営業パワーを生み出す源であり秘訣なのだ。Aさんも新たに営業時代の気持ちに戻り、前向きな生活態度や良き習慣づくりから始めるという。

心が前向きでなければ、業績は上がらない。お客様の要望を狭く捉えてしまったら、成約のストライクゾーンは比例して狭まる。「電話かファクシミリでよい」と言われたからといって、それでよいのか、それでも訪問して手渡したか？「地域を限定して」との依頼だったので、その地域の情報しか提供しなかったのではないか、それでも近隣の地域まで広げた情報を提供したか？このような幅広い提案をする時に、その営業パワーのベクトルがお客様をリードし、コンサルティングの志が明確になる。あるいは、お客様との衝突を避けようとする営業パワーの減退があるかどうかで、行動の成果は、YESかNOか明確に分かれる。

例えば、あるマンション販売会社のトップセールスのBさんは、続けて高業績を出して、昇進して課長になった。そして、販売すべき次のマンションでは、部下四人のリーダーとなり、販売の先頭に立つことになった。そこでは、部下の一人は順調に成績を出し、契約が続き、社内のトップになった。すると、Bさんはどういうわけか成績が振るわなくなり、悪い循環が生じ始め、次第に業績の出ないスランプに陥った。初めて部下を持ち、「自分がしてみせなければ」という強いプレッシャーと、うまくいかない現実の間で、悩み揺れ続けていた。

どよ～～ん
スランプだ～
歌手？
KASH
そうだ
KASHの法則だ
原点に戻り
営業の基本から
始めよう！
CASH ← KASH
スランプを
脱出して
営業成績も
上がった！

どうしようもない状態がしばらく続いた。いつも同じ考え方や行動、同じような悩みの捉え方では出口は見えてこない。そんな時、Bさんは、自分の足を運んで人に会いに行った。自己を振り返るために、営業セミナーにも出席し、熱心にペンを走らせ、一言たりとも逃すまいとした。「何が足りないのか？」、自分の不足から目をそらさずに、痛みから逃げずに事に当たろうとした。ほかの営業マンを見ても、皆悩みながらも立ち止まらずに一歩一歩進んでいる。自分は、できないのではなく、やっていなかっただけだ。まず、自分のできることからやればいい。部下の話も聴こう。そう思うと楽になったと言う。

スランプは必ずある。その時、立ち直るキッカケとして、戻るべきベース（原点）をつくっておくことだ。それには、知ってもらうことである。自分の商品を、会社を、自分自身を知ってもらうことから始めよう。こちらが知らせない限り、不安な状態が続く。そこはブラックボックスだ。できる限り、お客様に受け入れてもらう努力をし、好感度も高くしておかないと受け入れてもらえない。そのためには、毎日、営業における基本的な動作を意識して、商品や市場や会社を知り、自分自身の目標を繰り返し問いながら進むことだ。

大福帳

スランプに陥ったら、その脱出法のカギの一つは、数多くの人と接触し、知ってもらうことである。

3

まず周到な準備ありき

準備の先にチャンスあり

今日の行動が、明日につながる……仕事においても、そう思えるなら幸せだ。良い着地をするためにも、良い準備が必要だ。やはり準備をあいまいにしていては、その結果、やったことの総括がとても甘くなる。

逆に自分の仕事の結果が総括できない時は、準備が不十分なのだ。生じた結果の原因が自分にあるのに、それを他人原因論で考えていては、どうしても主体的責任がとれない。むしろ自分原因論が、自分のアイデンティティーを深くする。

トップの成績を出した営業社員でも、不振に落ち込む時がよくある。そういう時は、契約後の処理に追われて、新規に開拓するための種まき営業が手薄になり、接触件数がジリ貧になっていることが多い。将来の種まきと、今の刈り取りのバランスをいかに取り続けるかが重要な解決すべきテーマとなる。

このことを常に頭に置き、行動する視点が欠かせない。準備において、例えばオープンハウスでは、雨の降った日は特に神経を使う。Yさんは、きれいに家の周りを片付けていた。ちょっとその場を離れたすきに、小学一・二年生ぐらいの男の子が家に入って、室内を走り回っていた。現場を汚されてはと、不安が頭をよぎった。しかし、怒鳴りつけたい気持ちをグッと飲み込んで、「ボク、どこから来たの？」とやわらかく声をかけてみた。

その男の子は、お父さんと家を探しに来たことや、この近所に住んでいることなどを話した。その後、お父さんも来られ「息子がお世話になりました」と感謝され、トントン拍子に契約に至った実例もある。

また、地方都市で賃貸業績の大変良い会社がある。社員のNさんは、お客さんが自転車で来社されたら、帰る前に交通量の多い道路にスムーズに出られるように自転車の向きを変えておく、生活感のある気配りをしている。まず一人のお客様を大切にすることから考えればよい。

準備をする、そこにチャンスが潜んでいる。そのためには、何をどうするのか、どんな手を打つのか、そのことを事前に深く考えておくことだ。

まず準備ありきである。段取り上手な人は、周到な準備から出発する。

できる営業マンは段取り力がある。
明確な意志と十分な準備が欠かせない。

4 イメージ形成力を鍛える

なかだるみを切り抜けるには

その店舗に入ると、お客さまと面談するスペースはほど良い広さ。シンプルな机とイス、目ざわりにならないインテリアで落ち着いた印象。お客様スペースからドアを開けて奥に入ると、そこが営業事務室だ。壁にはA3判ぐらいの用紙に書かれた、いくつかの言葉が貼ってある。

「案内なくして契約なし」「業界の三弱点。①勉強しない。②記録しない。③継続しない」「P（計画）→D（実行）→C（チェック）のサイクルで仕事を効率的に」「明るく・元気で・素直に＝ニコニコ・ハキハキ・テキパキ」などが、一面に貼り出してある。また、売り上げグラフもある。各自が自分のグラフのところに、訪問や案内先、来社の場合は、お客様名や日付を記入しておく。それらは月末に集計し、専用の用紙に記入して上司に提出する。

準備に力を入れていても、そう思いどおりにはいかないことが多い。突発的にお客様からの電話があったり、考えていなかった事態が起こり時間を取られたりする。やろうと思っていたことが具体的であればあるだけ、できなかったことへの焦りや無力感が強い。そんな時は気弱になり、あきらめたくなるが、そこは一呼吸して我慢し、イメージ力を高めることだ。成就する思いを強くするためにも、先の店舗では、目に見えるところに紙に書いて貼り出しているのである。

また、自分の手帳に、自分を励ます言葉を書いている人もいる。自分の心を鼓舞し高めるためには、それなりの工夫が必要である。自分は最終的にどんな自分の顔を思い浮かべるのか？　上司がホメてくれる場面か？　営業の全体表彰で自分が壇上に立ち、真新しい背広で表彰と報奨金をもらっている姿か？　喜ぶ家族と子供達の元気な姿か？　あるいはお客さまの感謝の姿が浮かぶであろうか？

結局、どんなことを目標にしているのかを具体的にイメージして、自らの内に想像してみる。そのイメージ形成力を鍛えることが、途中でなかだるみしない目標達成への重要な能力である。人は誰でもイメージ力を必ず持っている。どんな時でも「絶対、目標をクリアしたい！　必達したい！」という欲求を自ら手放さないことである。

お客様の喜ぶ顔を見て喜ぶ営業マンをめざそう。その真剣な姿勢と行動が、人の心を打つ。

5 自分の「成功イズム」を持つ

イズムは哲学と心得る

段取り上手な人は、自分の「成功イズム」を持つ。それは営業のリズムであり、テンポであり、タイミングである。

例えば、営業行動における週前半重点主義がそう。一週間の中で、仕事の帳じりを週末に合わせるのではなく、週の前半から勢いを持つ。週の終わりではなく、意識して初めのほうに集中して力を注ぐ。また、一カ月の目標も同じである。前半の二週間で目標の65～70％を達成すると、気持ちがラクになる。その好循環を自分の習慣としていくと、数字の読める行動となり、追われずに、追うシナリオを描くことができる。また、年間の目標は月に、月間の目標は週に、週間の目標は一日に割り振って、成功のタイムテーブルをつくる。

Sさんの場合をみてみよう。平日契約主義を取っている。土・日曜日は契約はしないで案内をとる。しかし、そこはお客様あってのことだから、簡単ではない。営業担当者が、共感のリズムを肌身で感じ、すりあわせという営業プロセスがあるかどうかが重要だ。自分の行動スケジュールを自分で決めるまでになれば、営業の質も高まり、お客様に頼られる。その成功イズムを支えるものは、哲学である。〈顧客志向〉を実践的に行動をもって検証することだろう。段取りは、単なるテクニカルなことではなく、志のある哲学と理解することだ。その想いの深さがイズムの裏にある。

Sさんは、お客様に最初にお会いした時、不動産売買について、どのようなスケジュールになるかを見やすいフローチャートにして渡す。それが喜ばれ、契約に至る最後のポイントになったことも多いという。さらにそのお客様に、契約後はどんなスケジュールになるかを細かく説明する。お客様の不安を取り除き、お客様自身が納得し、参画意識を高める具体的な顧客満足の実践となる。

そして、先を見通していくスケジュールに欠かせないのが、物件誕生日であろう。物件の引渡し、あるいは契約日を一つの誕生日と見なし、手帳にマーキングしておく。既存のお客様へ会うタイミングを逃さないために定期的、継続的な訪問が、営業リズムとなれば強い。

大福帳

リズム、テンポ、タイミングが良い時、営業は弾む。共感型の営業には、このイズムは必須である。

6 つなぎ営業で続ける

つなげる努力をしているか

時間は、誰にも平等にあり、有限である。その時間の使い方いかんが、その人の生き方を形づくる。だからこそ、今の仕事だけでなく、次を考えた仕事をすることが大切だ。

営業の場面は、大きく分けると、①接触、②追客、③契約、④紹介、の四つのシーンである。そのサイクルがうまくつながるためには、つなげる努力が必要だ。それには事前の種まきが必要だ。

ある営業担当者は、お客様からあえて宿題をもらう。答えを調べて持っていくことを手がかりに、また訪問する。初回よりも二度めの訪問のほうが難しいが、ネクストの動きをつくっていかないと、つなげない。

また、別の営業担当者は、葉書を出す。事前に葉書を出せば訪問しやすい。場合によっては、お客様から「葉書をありがとう」の感謝の言葉をいただく。今回だけで途切れさせずに、次の手を打つ。時間を効果的に活用する。また、お客様の趣味を聞いていれば、より関係をつなげやすい。例えばスキーが趣味なら、それについての新しいニュースや雪の話で楽しい会話ができる。

「つなぎ」とは、営業場面が一つずつ育っていくための潤滑油である。

何をどうしたいのか？　着地点を明確にしながら、それをどう描くか？　知恵を生かして、自分もお客様も飽きさせないことだ。「飽きない」は、「商い」に通じる。

オープンハウス（OH）は、いかに接触の頻度を高めるかが問われる。Dさんは、直接・間接の接触の機会として、OHを捉え、むしろ集客に力を入れて、お客様と五回の接触を試みる。まず、近隣への告知である。手渡しを基本とする。次に当日の誘い出しで、よりターゲットを絞り込んだ、ごく近所へのご案内である。そしてOHの現場での接客では、お客様の視線、動線に注目する。

例えば、台所にじっとたたずむお客様がいたとすると、それは台所への関心の表れなのだ。これまでの生活から台所が気になっているのかもしれない。あるいは、これからの生活への夢が行動となって表れているのかもしれない。また、玄関の上がりかまちを何回も昇ったり降りたりするお客様がいたら、もしかしたらおばあさんのことを想って、そうしているのかもしれない。少しぐらいの段差があったほうが、場合によっては足の運動になると考えているのかもしれない。別のお客様は、ベランダから外をずっと見ている。問いかけてみると、今まで日当たりが悪いところにいたので、差し込む光をずっと浴びていたかったのだという。お客様の動きには、素直な関心を注いでほしい。

このように、お客様のちょっとした仕草や動き、あるいは突然押し黙ってしまうなど、その動作をさりげなく観察していると、ニーズを発していることに気付く。お客様の出している情報や想いや欲求が、

陽当りがいいでしょう
ウチの家陽当りが悪くてね
よければ伺ってよりよい物件をお探しします
そりゃありがたい
いつも気を配ってもらい感謝しています
新しい物件です
いやあ契約まで長くなり申しわけない
ありがとうございます

その視線・動線に宿るのだ。アンテナを高くして、それを受信する。
次に、ＯＨ近隣宅へのお礼の挨拶回りを行うことで、一つの物件を拠点に近所の人達の不動産売買への関心に近づくことができる。その後の電話にて、来場のお客様をつなぎとめる。このようにＯＨほど接触できる機会の多い手法はない。

お客様との話題や関心が途切れてしまえば、スムーズに事は運ばない。つなげることのできるものを付加していくことだ。そして、情報はスピーディーに伝えること。例えば、ローンのことを宿題にもらい、「連絡します」とお客様と約束したのに、それを連絡していなければ、次に連絡する勇気がくじける。また、紹介を受けて会ったお客様に連絡しようと思いつつ、一週間後に連絡したら、すでにほかで決めていたといったこともある。

つなぎを迅速にせずに失敗した事例は数多くある。知恵と工夫の「つなぎ営業」の重要性は、計り知れない。

契約成立までの期間が長期化している。お客様の関心を継続して引き付けるためには、つなぎ営業は欠かせない。

7 ついで営業は生産性が高い

〈ついで〉は、ラクをするためではない

あと少し、あと一歩、その小さな気持ちの踏み出しが結果を大きくする。このワンモアの精神が、ついで営業の根底にある。例えば、物件調査に行ったついでに、既存客を訪問する。また、既存客を訪問したついでに、自分の欲しい（受託したい）物件の 求むチラシ を投函する。営業から帰ってきたら、そこから電話がかかってくる期待や、何かリアクションがある可能性がある。その種をまくのだ。お客様宅に寄ったら、紹介をもらう。もし事前のシナリオについで営業を取り込んでいなければ、チラシも用意できない。どこでまくのか、何枚まくのか、一度、自分の頭を通過した考えでないと、準備したことにはならない。だからイメージのリハーサルを行っておく必要がある。

また、お客様の視線、動線は見逃してはならない。特にオープンハウスやモデルルームの内見においては、お客様の目の動きには、さりげなく注意しておく必要がある。結構、人は自分の関心のあるところに、視線を注ぐものだ。そして、興味のある場所への滞留時間は、通常長い。お客様の動きが止まる

ところへの関心を探ってみることも大切だ。あるいは、お客様を見送る時のお辞儀一つに、その人の他の場面での信頼できる営業シーンを彷彿させる営業マンもいる。そんな意味では、事前のイメージリハーサルがあってこそ、営業シナリオも所期の期待した成果目標に近づく。

自分が、これだけのことをやったのだから、成果はおのずと出てくると実感できる営業の仕方が、ついで営業の真髄であろう。きわめて生産性が高く、効果的である。行った場所で、あるいは行動したついでに、そこで何かプラスして別の行動を行ってくるのは、ムダな行為ではない。地中の種から、芽を出す植物に似て、見えないところから、何かお客様との関係性への手がかりを生み出すのだ。それには、マメなこちら側の動きがいる。水や肥料をやって待つ。それは、ラクをしよう、手を抜こうでは生まれない。こう考えると、「つなぎ営業」も「ついで営業」も、考える力を深くしないと出てこない。そのためには、感じる力を高めることだ。つまり、五感（視覚、聴覚、触覚、嗅覚、味覚）をフルに動かすことで、ごく自然な、成果の期待できる営業スタイルになる。

行って帰ってくるだけの御用聞き営業ではダメだ。行った「ついで」に何かをプラスすることだ。

8 先を見通した気配り情報の提供

お客様の不安を取り除くプロセスとは

気配りの根本は、カウンセリング・マインドであり、顧客満足（ＣＳ）追求の道の中にある。トップセールスになったＡさんに、その成功の秘訣を聞いた。するとＡさんは、「お客様を好きになること」であり、「もし自分だったら、という気持ちを持つこと」と言い切る。無理に契約をしない。お客様と気持ちのうえで共感を感じながら、納得プロセスにおける気配りの重要性を思う。分かりやすい・ていねい・親切という具体的行動が、一つずつお客様の不安を取り除き、「〇〇して良かった」との思いを強くする。その信頼形成のプロセスを経て、結果として契約に至ることを積み重ねて、お客様に感謝される道を歩きたい。

女性営業のＳさんは、常にトップセールスのなかにあり、波のない毎月の契約を上げている。その事例を挙げてみよう。ある共稼ぎのお客様を接客した。さまざまなお話をうかがうなかで、奥さんが一番気にしていることは、お子さんの学校のことであった。そこでＳさんは、学区のこと、学校の評判のことはもちろん、学校に給食があるかどうかも直接電話して聞いた。また、共稼ぎをしていると、朝の時間は大切なポイントとなる。下のお子さんが幼稚園に入るということもあり、電話帳でその地域の幼稚園に全部あたってみた。時間や内容を聞いておき、情報収集したものをお客様に伝えて信頼を勝ち取った。そして、納得プロセスを経て契約に至った。

そのSさんには、お客様をはじめ多くのファンがいる。例えば、土地を購入する場合、物件の場所を探して、お客様が直接見に行かれることもある。その結果、お客様が不安を持たれるケースはよくある。そこでSさんは、ハウスメーカーの営業担当者にも同行を願い、現地でお客様により具体的な住宅のイメージを持ってもらうようにしている。そのように懇意にしているハウスメーカーの営業担当者は六〜七人いるという。皆、彼女のファンだ。詭弁を使うとか、言い負かすということはない。常に「自分だったら」の気持ちをベースに、熱心に情報収集し、行動に表すことで感謝される。その営業シーンの一つずつの行動が周りの人を魅了し、ファンにする。そんなSさんの姿は、営業という仕事の奥行きを感じさせ、信頼形成のプロセスと方法を教えてくれる。

お客様は基本的に納得したがっている。納得できるサービスや行動が欠かせない。

9 営業の命綱、マジックノートの力

原点は、知ってもらうこと

見込み客が発生する。時間が経てば経つほど、契約率は上がるか、下がるか？　もちろん時間の経過とともに契約率は下がる。それはお客様の心理に変化が生じるからである。体験的にも知っている心理のはずだが、その理由を考えてみる機会がセミナーの場でもある。

なぜ気持ちが変わるのか？　いくつかの例を挙げてみると、①熱が冷める、②競合会社が増える、③ニーズが変化する、④決定する関与者が増える、⑤距離が広がる、⑥「放っておかれた」と思う、⑦友人・知人などから「慎重に」の声が多くなる、⑧迷いが出てくる、などがある。苦い営業の失敗から学ぶべきさまざまな教訓が、そこには詰まっている。だからこそ、営業担当者のお客様関心力が問われることになる。

先日会ったトップセールスのYさんが、「これは僕の命綱であり、これがなければ一日たりとも営業することができない」というA４判の大学ノートを見せてくれた。Yさんの10年にわたる営業の歴史を共にずっと歩んだノートは、少し古びていて、顧客情報でびっしりであった。索引には「あ」「か」「さ」と付箋が付けてあり、いつ、どんなお客様に、何をお世話したのか、そのノートを見ると一目瞭然である。お客様への関心力を維持するためには、何らかの工夫がいる。記憶にとどめるために記録が必要なのだ。営業の進行中も、契約後も、あるいは落ち込んだ時も、手にすると心が晴れ、ヒントを想いつくマジックノートだとYさんは語る。

別のAさんは、パソコンを使って、このような顧客情報の管理をしている。営業には、「これが絶対に成功する」という方法はない。自分なりに続けられる方法で、お客様への関心の表し方を見つける努力と、他人の話を素直に聞く力を磨くことが大事である。そうして営業の世界で大きく伸びた人をたくさん見てきた。今こそ、営業という仕事をプロとして本物にしていくことだ。

また、スピードが重要であることも、先程の時間と契約率の関係にあるように、お客様の声に照らし合わせてみると分かる。営業担当者の成功例・失敗例が語るように、見込み客の発生から、三日以内の接触が契約率を高める。これを『インターバル3の法則』という。このように成功する確率が高い方法は示せるが、しかし、それで絶対に成功するとはいえない。

一方、スランプに陥ると、思考のプロセスがマンネリになる。知恵やアイデアや新たな発想が、そこから生まれるはずがない。「もう打つ手がない」「何をやっても無意味だ」という思考停止の状態は、行動停止の結果となる。新たな刺激が大事なのだ。人と会い、足を運ぶなかに、次の行動の芽が生まれる。

もう一度、自分に問うてみよう。「自分は、なぜ不動産営業をしているのか？」それを心で反復して

Coffee
先輩それはなんですか？
マジックノートさ
Coff
マジックノート？
顧客の記録帳、ぼくの宝だ
NOTE
多くのお客様の情報が記してありアイデアの基にもなるんだ
わたしもつくります
どうマジックノート？
すんません3日で終わりました

唱えたらよい。そして、お客様にその理由を積極的に伝えるのだ。結局は、お客様が営業マンの存在の意味を認めないと、受け入れてもらえない。お客様のニーズに合った提案も、納得・共感しなければ、当然ながら成約には至らない。限りなくお客様に近づこうとすることだ。だからこそ、伝えることが重要になる。さらに、お客様によって伝え方が違ってくる。そのためには、お客様や商品をよく知ることだ。

また、店舗はきれいにし、プレゼンテーションの資料も見やすく分かりやすく整える。そして、対人関係力を身につけ、コミュニケーションスキルを磨く。自分も成長し、お客様の喜びや感謝のために、自分に日々挑むのだ。

営業の原点とは、自分や商品を知ってもらうことである。知ってもらうプロセス全体が提案なのである。だからこそ、知ってもらうべき素材を、日頃よりいつも心に蓄えていく努力が欠かせない。

顧客情報の基盤の確立が重要だ。その顧客情報の量と質の格差で、業績が左右される。

10 『ウォッチング10の法則』

話題の導入は周辺情報から

お客様宅を訪問する時は、一直線に目的地に行かないほうがよい。周辺情報を仕入れるチャンスを狭めてしまうからだ。あくまでも情報収集の窓は大きく開けておきたい。その場合、『ウォッチング10の法則』を活用するとよい。

お客様宅を訪問する際は、その近隣の住宅10軒を事前に見て観察するのだ。表札で名前の同じ人はいないか、ガーデニングがとてもよくなされているお宅はないか、おいしそうなパン屋さんがないか、子供の声やピアノの音など聞こえてこないか、などの情報を収集する。そして、お客様宅で話題にして、関心をつなぐのだ。お客様は、まず最初は、お客様自身のことよりも、周りの人や近隣の事柄についての話題のほうが、割合開放的に話してくれるものだ。

それから、さらに欲しい情報を得るために、適切な質問をする。そのポイントは二つ。①相手が聞いてほしいことを聞く。②相手の話した言葉の中から質問する内容を見つける、ということだ。話し上手は聞き上手、聞き上手は取材上手である。まず相手の言った言葉を繰り返す。それで会話の時間が倍になり、コミュニケーションの密度が高まる。

次に、お客様の話した言葉の中に、真のニーズに近づける話題を探すことだ。熱心でていねいな聞き方に、相手も口を開いてくれる。つまりヒアリングは、耳だけでなく全身で行うものである。

営業成績の良いKさんは、物件案内時の質問は、必ず二者択一で答えを求めるという。3～4件の物件を紹介し、全部を案内し終わってから「どの物件が良かったですか？」と聞いても、お客様は明確に答えられないものだ。そこで、AとBを見た後に、「どちらが良いですか？」と聞く。AとBとで、仮にAが良かったとすると、どの点が気に入ったか、気に入らなかったかを聞いて、必ずその理由をメモしておく。引き続きCを案内して、先ほど気に入ったAと今度のCとで、「どちらが良いですか？」と聞きながら絞り込んでいく。

相手の考えを整理し、総括して提案する、ここに顧客納得の共感型営業プロセスがある。

お客様周辺の情報収集は欠かせない。適切な質問とヒアリングはそこから始まる。

11 日々、自分マネジメントを心に

営業という仕事に喜びを

知っている言葉のはずなのに、ある瞬間、ハッとすることがある。例えば「できない理由は言わない」ということ。気付いてみたら、できない理由を次から次へと話している自分に気がついて、愕然《がくぜん》とする。そうではなかった、できる方法を考えることが大切なのだ。やはり「知っていることと、行動していることの違いに気付くと、人は大きく成長する」のだ。

何もしないということは、時代の変化のなかにあっては後退を意味する。

Hさんは、女性の店長である。その会社の社長が以前お世話になった人が7年前に亡くなり、今年になってその家の売却を頼まれた。家は持ち家であり、ローンの残債もないので、奥さんはずっとその家に住んでいられるはずだった。ところが長男に借金があるうえ、働かないのでお金に詰まってしまい、残念ながら自宅を売って清算しないと立ち行かなくなってしまったのだ。69歳になる奥さんは一人暮らしであり、次男の近くに住みたい希望であった。その結果、家は無事売却でき、次に住む家としてロケーションも希望どおりで、とてもきれいなところをお世話できたそうだ。

また、売却するご自宅では、かわいい子犬を飼っていた。動物の大好きなH店長の、その子犬も、家を買う人にそのまま飼ってもらえれば、との想いが通じて契約に至った。「今では、子犬と一緒に寝ているほどかわいい」と、その買主から喜ばれているという。Hさんは、いつも物事に本気で向かっていく。実は、買主は犬を飼うのは初めてということだったので、Hさんは、予防注射、狂犬病の注射、シャンプー、食事、動物病院の地図、ペットショップの地図、区役所の手続きのことなどを、すべて調べて渡したそうだ。

地域密着における優秀営業担当者の人間関係図式は、ビジネス関係→友人関係→次のビジネス関係（固定客）、で示せる。この人間関係をスパイラル的に上昇させて、構築していこうという動きのなかに、仕事の喜びが詰まっている。地域に喜びの種をまき、喜びを成長させる。その目標が自分を成長させる。できる方法は何か　から出発する考え方を通じて、毎日、自分マネジメント力が試されている。

できない理由は山ほどある。しかし、できる理由を探す積極的な営業マンは、自分を大きく成長させる。

⑫ 人生は、時間×人間×空間である

環境を変えると、気分も変わる

苦境にあっても、ごはんをしっかり食べよう。色とりどりの野菜や肉や魚を食べる時、口の中で何回も噛むと、身体と心においしい想いがフツフツとわいてくる。ゴクンと飲み込んで、大地や海や空の生きる力も一緒に口にする。

疲れた時や元気の出ない時、食べることで空虚な気持ちが満たされることもある。おいしいものをおいしいと感じる気持ちが、緊張感のある日常にひと呼吸となる。おいしいものを知ろうとする探究心は、自らを奮い起こす好奇心や遊び心を生むものだ。料理法を考えながら、工夫やアイデアをひねり出し、実際に作ってみて、口にして〝イケル〟と思う時、小さな満足感に浸る。

人が生きていくのに欠かせない衣食住のうち、〝住〟に携わる不動産営業においては、毎日、自分の健康や元気な行動力のために、仕事以外のリラックス時間がとても大切になる。その時、〝食〟は重要な要素となる。

また、旅行をすることや温泉に行くことも、日常の仕事から離れて、自分自身を楽しませることができる。旅の空にて、いつもと違う風景と出合い、その地域ならではの事柄にも出合う。そして、地域性豊かな食べ物を口にする。おいしいと感じるものに出合うと、うれしくなって、幸せな気持ちになる。その地域の風土や歴史を知ってくると、さらに一層味わい深くなる。独特のストーリー性のある風景や地域や食物には、尽きない興味と関心を持つものだ。

人生は、時間×人間×空間である。すなわち〝間《かん》〟の3乗だ。ちょっと時間を変えて早起きしてみただけで、見る景色の雰囲気が変わる。いつも乗る通勤電車のドアを変えただけでも、会う人々が変わり、そこから抱く感情は変わるものだ。人は、刺激に対する反応として、考えて行動する。だから、日々の少しの時間や空間を変えることで、今までとは違う感じ方となり、新しい反応となる。

元気のある人、ツキのある人、イキイキしている人に会えば、自分の中から同じようなエネルギーがわいてきて、自分も元気に輝くのだ。自分の行為が、こうして自然に相手に光を投げかけ、周りの人を幸せにする。

人生は〝間〟の3乗である。これらのうち一つでも変えてみよう。そこから人生が変化する。

13 この一瞬よりも、その先の夢を

不動産営業の魅力を実感する

ある社長はつぶやく。不動産業を設立して15年、仕事も軌道に乗り、社員のスキルも格段にレベルアップしてきた。そこで、計画的に新卒者の採用を始めた。インターネットで応募のあった中から面接を重ね、八人を採用した。地元での優良企業として、Uターンを考えている優秀な若者が入社して、社内の期待も広がった。特に、新卒者教育には力を入れていた。しかし結局、三人は辞めてしまった。新人にとって、不動産営業は面白くないのか？

新入社員にとっては、自分の思っていたイメージと、実際の日常の仕事がかい離しているように感じられると、仕事への意欲がかすんで、自分を役立たせるほかの何かを見つけたくなるのだろう。しかし、そう思うのは、新人ばかりではないはずだ。どんなにトップの成績を出している営業の人でも、時には悩み、迷い、どうしようもない想いに打ちひしがれることがあるはずだ。人間だから、それが普通なのだ。

今、コミュニケーションが希薄になっていると言われている。人間関係力が弱くなってきているのだ。だから自分のなかに何かしらの疑問や、真剣な〝問い〟が生じた時、そのことと向かいあう場と時間が持てない。そして、自分のなかで考え続けるべき〝問い〟を、時を待たずに、すぐに外に出してしまう。

確かに、組織や対人関係のなかで、矛盾していると思う時もある。しかし、それだからこそ言いたい。人を避けるのではなく、人のなかに戻るべきであるし、人のなかから答えを探し出してほしいのだ。

今の時代に合うように、程よい距離を保ちながら、それでも人間関係の大切さを想い、少しぐらい面倒でも、知恵を出して、自分らしい人間関係力を身に付けていこう。同じことは、お客様の側にもあるものだ。お客様も、自らに問い続けているのだ。

営業の仕事は、あえて言えば、コミュニケーション・ビジネスでもある。コミュニケーションが持てるのは、不動産営業の魅力であり、自分自身の表現の場として、素晴らしいステージなのだ。一瞬を我慢して、長いこれからの夢を実現させていくために、営業の魅力を自らの手でつかんでほしい。

大福帳

夢をカタチにするのも、幸福感を味わうのも、営業の魅力である。それをつかむのは自分次第だ。

14 店長へのメッセージ〈5点法の効用〉

考える癖が業績を押し上げる

身体をキビキビと動かし、心を前進させる。もし自分の悩みにばかりスポットを当てていれば、それはずっと悩みを多くするばかりである。天気予報と同じようだ。心の晴れ、曇り、雨、雪の予報に応じて、対応能力を身につけ、それに順応していく事が仕事のキャリアになる。人は質問する時には、答えを自分の中に用意している。悩みへの対処の方法を一つずつ増やして、いろいろなポケットを持つ豊かな人間関係力を身につけたい。

「ゼロ社員を作らない」。店長のMさんは決意の顔だ。それまではトップ営業だった。自分が決めて、自分で動くことほど力をストレートに感じられる事はない。なのに店長になると、時間がかかる。何をやっても、「説明して、伝えて、やってもらう。できるなら相手の納得度が高いにこした事はない。その手間ヒマを考えると、ずっと自分でやる方が早い。仕事の時間が延びてしまう」。店長の悩みは、限られた時間で、いかに効率を上げられるかである。また、営業にも、その成績にもムラがあるのを何とかしたい。常に毎月コンスタントに結果を上げていかないと、店長も、ましてや会社もその先を見通せない。継続的、安定的営業こそ目標であり、ムラを少なくする事が店長のテーマである。

今までは自分が成績を上げればよかった。しかし店長になり、自分が周りを動かしていかなければならない。非常に難しいと思う日々だ。やっぱり気負いもあり、意地もある。思いをいかに伝えたらよいのか。「失敗しても挫けない」、というのが最近のMさんの口癖だ。情報が命である。フットワークを駆使して、いかに早く営業に結びつく情報に出会うか。情報を深く広くしようと思えば、人間関係力、コミュニケーション力を鍛え、磨くことだ。一つの営業という仕事の信念、信条を伝えていくのだ。理解を深くして、多くのことを共有することこそ、もっとも確かで手ごたえのある方法だ。

やはりここは癖をつけるしかない。それも良い癖をつける。粘って考える。その考える癖が業績を押し上げる。ここで最近弊社の『営業マン・クリニック（カウンセリング型マンツーマン研修）』で効果の高い手法がある。それは「5点法」である。執念をもって考える事ができる方法だ。例えば、案内の振り返りでもよい。その良かったことと悪かったことを5点ずつ出してみるのだ。3点までは簡単に出るが、4点、5点目はなかなか浮かんでこない。そこを何とか出すことで、その人自身の独自の視点や考え方が分かる。営業の打つ手やヒントが無限にあるのだ。「5点法」をやってみると、ものは多面的に、かつ柔軟に見ることで、また新しい発見や喜びがあると気付く。何事も考える癖を深くする。常に探究心を持つ。経験は時間というより、経験の密度で計る。

店長としてMさんは、自分なりの気持ちのコントロールをすることの大切さを思う。自分でテンションを上げる。朝は誰もいなくても「おはようございます」と明るく声をかけて入る。ちょっと落ち込んだりすると、住まいの近くにある神社に行ってひとり深呼吸してみる。

何もうまくいかないという時は、営業という仕事観を深く考えてほしい。そして、煮詰まった時には、気分を切り替えて、難しいことではなくシンプルに考えようとする。まず、目の前のことに、シンプル・イズ・ベストだ。

まさに店長とは、自分を映す鏡（多くの部下）を持ち、営業観のみならず、人間観を磨く仕事である。

大福帳

モノを多面的・柔軟に見る秘訣は「5点法」にあり。

第五章

不況を乗り切る

——営業マン・クリニックの現場から——

1 じっとしていても何も生まれない

自分が変わる、業績が変わる

営業が変われば業績が変わる。そこには、必ず営業マンの意識や行動の変化がある。業績のアップダウンには、営業マンのプラスまたはマイナスの何らかの動きの変化が、密接に作用しているものだ。

市況の厳しい業界で、ますます激しい競争が強いられている現場では、優秀な営業マンでも、継続的に安定した業績をキープし続けることは難しい。

誰でもちょっとした気の緩みや慢心、マンネリなどでスランプに陥ることも、しばしば経験することである。それだけに、悩みは深く尽きない。上司や仲間に明確な答えを求めても、適切でタイムリーにわかりやすく教えてくれる人は、そういるものではない。なぜなら、相談された本人でさえ自分の抱える問題を解決できずに、業績不振を招いているケースが圧倒的に多いからである。

そこで当社は、これら様々なプレッシャーを抱えながら、業績不振や部下指導などで真剣に悩み、何とかこのような閉塞感を打破しようと一点突破の道を探し求めている人達を助けたいと思った。マンツーマンの個別アドバイスと診断、そして本人の業績向上に役立つ実践的な方法論を示すべく立ち上げたのが「営業マン・クリニックセンター」である。

以来4年になるが、既に400人余の人達が受講し、その85％が「営業マン・クリニック」受講後に、成果を上げるという実績を有するに至った。最近は、受講者の60％がマネジャー、40％が営業マンである。

店舗の業績は店長次第であり、課の業績も課長のリーダーシップ如何である。しかも、最も業績が良い営業チームは、マネジャーの他に営業マン一人ひとりのより個別・実践的な営業能力を磨くために、継続的に「営業マン・クリニック」を活用している。

◇　◇

この章では、業績不振に悩む営業マンやマネジャーが自ら様々な問題を克服して、業績を上げた具体的な事例とそのポイントを皆さんにお伝えしていきたい。

Aさん（35歳）は、スランプの真っ最中であった。不動産仲介歴8年の頑張り屋であるが、この3カ月間はゼロ行進が続いていた。かつては、トップ営業マンの名に恥じない業績を残しており、たびたび優秀営業マンの表彰も受けていた。

当初、「営業マン・クリニック」で会った時は、終始伏目がちで表情が暗かった。その彼が大きく変化したのである。

クリニックの翌月には1本の契約。そして、その翌月には、3本の契約を成立させ、ゼロ行進は完全にストップした。

「一人でじっとしていても何も生まれないですから」とキッパリと語るAさんに、明るく蘇った自信を垣間見ることができた。

Aさんのスランプ脱出のカギは、①人と会うことに行動の70％を費やした。②営業で迷ったら、動くほうに賭けた。③何事もすべて明るく振る舞った。④物件調査は十分に納得し語れるぐらいに何度も下見した。そこから営業のテンポが、劇的に変わった。

それがAさんの体験的なスランプ脱出法である。

② リズムをつくり、切らさない

照る日もあれば、曇る日もある。川の流れも清流の時もあれば、濁流の時もある。同じように営業マンも業績が良い時もあれば、業績が低迷する時もある。

自然界も、人間社会も、ある場面では似たような変化のリズムをたどっている。変化は常なりである。

Tさん（39歳）は、業績アップ・ダウンの激しいリズムに悩んでいた。しかし、それに違和感を感じることは少なく普通に営業活動をしていたが、最近は疲れきった表情や態度を見せるようにもなっていた。

業績が大きく変動

また、業績不振が続くと周りへのプレッシャーもあって、夜遅くまで仕事をすることが度々となっていた。たとえ、それが数字に直結しなくても、自分は一生懸命頑張っているという証を、周りの人たちに見せねばならないという悲壮感さえ漂っていた。

実はこうした時こそ、仕事のリズムやテンポを変えなければいけないのだが、彼にはそのようなことを考える余裕さえなかった。

彼は中途採用組の一人として期待され一年ほど前に課長職に昇進した。しかし突然のスランプでストレスが強まり、苦しい状況を切り開いていこうとする挑戦心や智恵、そして行動力も失われつつあった。

今までにも、こうした状態がある期間続くことはあったが、運良く次には良客に恵まれたり、偶然ＯＢ客の紹介があったりで、どうにか平均値を上回る数字をクリアしていた。

しかし、市況が厳しく、競争も激しくなった今日、Ｔさんの不安な心理はますます高まるばかりだ。

「継続して安定した業績を上げたい」という「営業マン・クリニック」での彼の真剣な言葉は、実にうめきに近いものがあった。

初めて第2位に

このようなＴさんの思いは、他の営業マンが共通に抱いていることでもある。その彼がクリニックを受けた後は、入社以来初めて件数部門で全営業マン中第２位に食い込んだのである。毎月平均以上の数字を獲得し、アップ・ダウンの少ない安定したリズムで業績を上げ続けたことは、かつてなかったことである。一歩成長した彼がそこにいた。

成功のポイントは以下のとおりである。①営業のリズムを夜型から朝型に変えた。そして忙しい時ほど夜遅くまでの仕事はやめ、朝早く出社するようにした。②リズムを切らさないために早目のアポ取りをした。③すべてのお客様に感謝の心を持ち、会えることが最大のチャンスと考え、その時間を無駄にしないようにした。④ダラダラとしないために、お客様のランク付けと白黒をはっきりさせた。⑤お客様と別れる時は、必ず次回のアポを取るようにし、つなぎ営業を心掛けた。⑥クロージングを丁寧にきちんとした（具体的な内容の復唱確認を徹底した）。

このTさんのようにリズミカルに仕事を変化させ、それを続ければ、苦しい仕事もきっと大きな楽しみに変わるはずである。

3 長所を生かし、顧客の心をつかむ

「営業マン・クリニック」は営業マンと真剣に向き合い、共に考え、共に悩みを解決していく。それが、業績アップに結びつく。

いつもそうだが、そこで思うことは本人の適性だ。ただ、不動産営業に向いているかどうかは、性格が外向きか内向きか、学力が高いかどうかなどは必ずしも大きな要素にはならない。

それらが、営業成績と相関関係にあるという決定的証拠は見つからない。むしろ営業の仕事が好きであること、向上心や自立心が高いこと、素直な心を持ち続けることなどが重要だ。

反対にどんな人間でも、営業の仕事がイヤになり、逃げ出したくなる時、挑戦する心を失い、依存心が自分の心を支配するタイプはだめだ。思い込みや独断を連発し、間違いなく業績は落ち込む。

Fさん（30歳・営業のキャリア8年）は、まさにその状況になりかけていた。昨年までは、トップグループの一人として注目されていたのに今年に入ってから、急激に成績が下降した。

キャンセルが相次ぎ、次々と顧客が自分から離れていく。顧客が離れれば、ビジネスチャンスは失われる。Fさんが一歩踏み込むと、顧客が離れる。その繰り返しだった。

顧客から必要とされる営業マンでありたいと思うのだが、次第に自信を失い、負け犬的な自分に辟易していた。好きで入ったこの業界が、自分に向いていないのではないかと、深刻に悩む日々が続いた。

暗闇から脱出

しかし、当然だがFさんには長所もあれば短所もある。業績の良い時は自分の長所がフルに回転していた。反対に業績不振で悩み、苦しんでいる時は自分の短所が長所を見えなくする。長所は美点であり、自分の魅力の根本である。

それは、顧客の心をとらえる重要なポイントとなる。なぜなら、結局のところ、営業とはいかに顧客の心をつかむか、ということに尽きるからだ。

そこでFさんには、自らの長所を棚卸しして、深く自覚してもらうことにした。例えば〝人と接触することが好きである〟ということは〝営業の仕事が好きである〟ということだ。それを積極的に生かせばいい。

そのためには、相手が自分を好きになってくれるための〝お役立ち〟を真剣に考え、素直に実行すれば良いのである。いつの間にか自分本位になっていたFさんをようやく顧客本位に戻すことができた。

Fさんはクリニック後、顧客が何を求めているのか、その真剣なニーズと裏の事情までも聞くようにした。具体的には、顧客の希望条件のうち、特に優先順位の高いものから2～3選び、その理由や背景を深掘りしてヒアリングするようにした。

そして、早め早めの段取りをとった。そうしているうちに、「真剣でマメなFさんの行動が顧客から「さすがFさん！」と評価され感謝されるようになった。Fさんの今月の業績は、良い結果を生んでいる。

4 「3乗の法則」が迫力と自信を生む

中堅社員のKさん（32歳）から嬉しいメールが届いた。「クリニックを通じて、自分の長所・短所を改めて見直すことができました。実はこの3月、店の目標達成が厳しい状況でしたが、最後に驚異的な追い上げを行い、自分の目標だけでなく店の目標も達成することができました。店長から『Kくん、あなたのおかげだ』と言われたのが嬉しかったです。それを報告したくてメールをしました。本当にありがとうございました」。Kさんの長所は、真面目でコツコツ型である。第一印象も良く、随所に性格の優しさが見てとれる。

押しの弱さ

一方、短所は、人と会うことが好きというよりも、むしろ苦手な方である。主張も控えめで、上司からは「押しが弱い」と再三指摘されていた。更に、時間の管理がもう一つで、出勤時間も約束もルーズ気味であった。

Kさんは調子の良い時は目標を達成していたが、ここ数カ月間は目標の70％という状態が続いていた。自分はこのくらいの数字が能力の限界だと、自分で低いラインを引いていた。どうしても、これまでの自分の殻を破れないのだ。

Kさんにとっては、今が正念場である。生まれたばかりの子供のことを思うと、父親としての責任を感じる。それは、良い意味でのプレッシャーである。

そして、何となく漠然とした危機感も芽生え始めていた。よくあることだが、時には長所が過剰すぎて、短所がそれに負けまいと、より強力に出てしまって失敗することがある。

Kさんも、優しすぎてお客様の背中を押せないでいた。当面、見込客にもなり得ないような事情を持ったお客様にも、しがみついてしまう。

真面目だが、その一生懸命さが鼻につく。ただ、自分が頑張っている姿を周りに示したいだけで、結果の数字とは真面目に対決していなかった。

カラを破る

そこで、「営業マン・クリニック」では、Kさんに自分のカラを破る決意をしてもらうことにした。

そのために、自分のできる小さなことから成功体験を積み重ねるようにしたのである。

(1)朝が弱いためギリギリ出社していたが仕事が終わったらすぐ帰ることにした。その結果、遅刻や待ち合わせ時間のギリギリもなくなり、仕事も前倒しでできるようになった。(2)業績向上法の「3乗の法則」を徹底してやり抜き、ガムシャラに取り組んだ。それは、①接触、②物調、③スピードの3つに的を絞って、それぞれ3倍の行動力とエネルギーを注いだのである。

その結果、自分の話に裏付けができ、お客様との交渉力では説得力を持ち始めた。その自信が、押しの強さと、見極める力の基となった。

話し方は相変わらず優しく好感度の高いKさんであることに変わりはない。一層それに磨きがかかった。迫力が生まれ、精神的に成長したKさんがそこにいた。

5 本気さが一転、現状打破の鍵に

「本気ですれば、何でもたいていのことはできる。本気ですれば、何でも面白い。本気でしていると、誰かが助けてくれる。人間を幸福にするために本気で働いているものは、みんな幸福で、みんな偉い」──これは、後藤静香の「本気」という詩の一節である。

実際、「営業マン・クリニック」で相談を受ける際に、私が相談者に必ず質問して確認することが、まさにこれである。

今回も「Sさん、あなたは今毎月1本止まりの契約を3本にしたいと言いますが、それは本気ですか」と。もちろん、Sさんは「本気です。絶対に3本は取りたいです」と真顔になって答える。もう一度、「本気なんですね」と視線を合わせて真剣に再確認する。大きくSさんはうなずく。そこから、今回もクリニックはスタートした。

「3ナイ主義」に

大方の相談者がそうであるように、Sさん（29歳・キャリア7年）も、業績不振と共にズルズルと目標達成のバーを低くし、それにつれ目標達成の意欲もホドホドでいいかと弱まっていたのである。

その特徴は営業目標のみならず、何事も自分で「決められない」「定まらない」「動かない」の3ナイ主義である。結論から言えば、決められないのは決めようとしないからであり、定まらないのは定めようとしないからである。そして、動かないのは少しでも動こうとしないからである。

このようなときは「自分が何のために何に向って努力すべきなのか」が明確でなく、漠然としているものである。

いったい自分は何をすべきか、そのために何を準備するのか。その段取りも不十分なので、期待された成果物が何一つ具体的に生まれてこない。

自分が見えない

Sさんはこれまでの経験で成功・失敗いずれのケースでも、実感あるストーリーがリアルに再現できていない。まさのそれが問題の核心となる。

そこでSさんとは、何度も自問自答を繰り返しつつ、じっくりと答えを導き出すようにフレンドリーなサポートを心掛けた。一緒に悩み、一緒に答えを探し求めるのである。

問題点を整理

Sさんがようやく自分の問題点を整理して明確になったところで、契約が毎月1件止まりの理由として次の5点が挙げられた。

①自分が負け犬になっていた。すなわち、できない自分に甘えていた。②新規客開拓をしなかった（フォローにかかりすぎた）。③種まきをしていない（次を考えない）。④物件の把握の不備（自信を持って話のできる状態ではなかった）。⑤行動量（接触量）の絶対的不足の5点であった。

Sさんはこれまで、できないことの言い訳と逃げ道を多くつくってきたが、それに気づき深く反省するに至った。このクリニックをキッカケに、そこから彼本来の力を信じて、本気で「3ナイ主義」と決別し、業績不振の原因から脱却するような頑張りを見せ始めた。

その結果、今月はギリギリ3本の契約を成立させた。来月もそれが継続できれば、Sさんの本気が本物になるのではないかと、心からエールを送っている。

6 あいまいさが招く営業不振

不動産業は人間業である。営業マンの人間性や信頼性が厳しく問われる仕事である。だから不信感を持たれたりすると、失敗する頻度が高くなる。

挫折し二度と浮上することが難しくなることもある。その意味では営業マンの日々の活動は自分を磨く修練の場でもある。

4カ月ゼロの状態

Nさん（28才）は中堅の営業マンになっていたがヤル気も、学ぼうという意欲もなくなっていた。4カ月ゼロの数字が続いていた。

営業の制度疲労ともいうような壮大なマンネリのまっただ中にあって精彩のない自分にも嫌気がさしていたのである。

ますますお客様の生の声も遠くなり、かつては優秀営業マンであったというささやかな栄光の痕跡を思い起こしては、過去の経験やカンに頼る日々が続いていた。

最近このNさんのように目標が不明確で、焦点の定まらない営業マンが目立って増えてきているようだ。彼らに共通しているのは、お客様や仲間に対する「他者への関心」の薄さと、一歩でも前に動こうとしない「腰の重さ」である。

相手をしっかり見据えてその息づかいがはっきりと聞こえる場に、身を置くということがないのである。

Nさんの本音で語る相談内容は「強い意志を持ちたい」「自分の主張をはっきりさせたい」「一時的には数字が上がるがそれを続けていきたい」「すぐに嫌な事を後回しにする自分を変えたい」であった。

これまで誰にも言えなかった心の底に沈殿していた思いを堰を切ったように吐き出し始めた。

意志の弱さを克服

Nさんは日頃より鬱屈していた言葉のマグマを小出しに噴火させることで少しずつ冷静になり、本当の解決するべき問題が整理されてきた。一つずつあいまいだったものが明確になってきたのである。

Nさんは、①意志の弱さを克服し、自分にはっきりした主張を持つために今何をすべきかを明確にリストに書き込むようにした。そして、そこに行動すべき優先順位と必要性を常に考え、日々の営業行動目標の第一とした。それはあいまいな日々と自分から極力決別するようにしたのである。②継続性の欠如は考え方のフレーム（視点）を変える事で対処した。今日の仕事の結果から必ず明日につながるヒントや材料を見つけるようにしたのである。③いつも後回しにしてしまう癖は気持ちの根っこのところで対立を避けるNさんの優しさにあった。それが彼の弱さになっていたのである。それは自分の課題であった自分の意志の弱さを克服する過程で改善されていくことになる。

Nさんの自分を磨く修練の場は今日も明日も用意されている。それから2カ月後、元気でヤル気に満ちたNさんの報告が嬉しかった。「今は営業が本当に楽しいです。お客様から最近いただいた紹介のお客様で契約が一本決まりました。続けて頑張ります」

7 生き方としてのセールス

営業マン・クリニックは、営業の相談以外に勉強の仕方や経営上の悩みにも乗っていただけますか」という相談依頼のメールが今日も届く。

このような問い合わせの向こう側にいる人の心の奥底にある本当の悩みや問題は、いったい何であろうかと頭をめぐらす。そして、自分一人では抱えきれない複雑な問題の解決のヒントは、しばしばその人の身近なところにあるものだ。

外部のせいにする

人は、どうしても自分の悩みや課題が解決しない時は、より問題を複雑にとらえてしまいがちだ。そうすると時間はズルズルと経過し、未解決のまま混沌とした状態が続くのである。

結局、解決すべきタイミングを失ってしまうのは、そんな時である。その結果、現状を打開できない自分に対するモチベーションは下がり続け、積極性は次第に失われていくのがオチである。

したがって、悩みや問題が起きた時には、その時が解決のベストタイミングだと思い、心をオープンにすることが大切である。

しかし、事情によっては、職場ではなかなかそれらのことを口に出せないものだ。率直に、本音で、自分の上司や同僚に自分の真情を吐露することは、とても難しい。その結果、解決できない原因が自分にあるのではなく、むしろ自分の所属する企業や組織、あるいは厳しい選択眼を持つお客様や市況など、外部の原因に求めることになってしまうのである。

悪循環の始まり

そうすると、打つ手が全く見えなくなってしまいがちである。

業績不振の悪循環は、このようなときに始まるのである。何事もそうであるが、詰まることの多い不動産業界にあっては、スピーディでタイムリーな解決は緊要なことなのだ。

これまでに、受講をされた400人を超える人達の相談内容は多種多様であるが、整理すると次のようなものが多い。
①一歩踏み込めない。②ヒアリングがうまくできない。③ヤル気が出ない。④具体的な営業方法が

わからない。⑤継続性がない。⑥集中力が途中で切れてしまう。⑦お客様の気持ちがつかめない。⑧仕事が面白くない。⑨追客ができない。⑩新しいお客様に目移りしがちである。⑪残務に追われてしまう。⑫トラブルが多い。⑬相談する相手がいない。⑭スランプに陥る。そして、すぐそれを繰り返す。⑮今の仕事に誇りがもてない。⑯上司とうまくいかない。⑰業績不振の悪循環を断ち切りたい……などである。

誰もが同じ悩み

およそ営業マンやマネジャーの大半は、これらの生の声に「まさにこのとおりであると思う。一つ一つが本当に自分の経験と照らし合わせてみて実感としてわかる。自分も自分の部下も同じような問題に悩んでいる」と共感する。

これらの相談内容は、ますます個別的・具体的に深刻化してきている。

それは、営業とは単なるセールスではなく、自分の生き方であり、自己表現であると考える人達が多くなってきた証左であると思う。

私達のクリニックが受講者の悩みと解決の橋渡しになることができれば、幸いである。

《著者紹介》

●斉子　典夫（さいす　のりお）

中央大学法学部卒業。

日本最初の不動産流通フランチャイズチェーンの創業に参画。その後、JRC株式会社を設立し、現在、JRC株式会社代表取締役。

不動産経営のコンサルティング・研修の第一人者である。また、大手不動産会社から中小企業まで、PLK理論を軸に、広い活動領域を持つ。2002年には、大阪大学大学院（人間科学研究科）と営業心理学を共同研究し、中間発表をする。

現在、エリアマネジメントの研究に注力し、各社と共にワークショップ手法で地域密着ビジネスと人材の問題に取り組む。

また、2005年2月に開設した業界初の「営業マン・クリニック」が大変な反響と成果を生んでいる。営業マンからマネジャー、経営幹部に至るまで、受講者の85%が業績UPするという成果を上げ、2011年1月には「営業マン・クリニック」の受講者は500名を突破した。

現在、営業マンへの応援歌として元気の出る「一日一語」（携帯メール）を大好評配信中。

●著書

『不動産営業マン売上げアップの処方せん』（共著・住宅新報社）
『誰にもすばらしい営業力がある』（共著・住宅新報社）
『初めてでも成功するマンションの選び方・買い方』（学陽書房）、ほか。

※本書は、『不動産営業マン売上げアップの処方せん』
（2009年4月10日初版発行）を増補・改訂して発行しました。

不動産営業《ふどうさんえいぎょう》マン元気《げんき》マニュアル
～営業がワカル・業績がカワル～

2011年3月8日　初版発行

著　者　斉子典夫 ©Saisu Norio 2011.
発行者　中野博義
発行所　㈱住宅新報社
105-0003　東京都港区西新橋1-4-9（TAMビル）
編集部 ☎ 03(3504)0361
出版販売部 ☎ 03(3502)4151
URL http://www.jutaku-s.com/

大阪支社 541-0046 大阪市中央区平野町1-8-13（平野町八千代ビル） ☎ 06(6202)8541㈹

印刷・製本／㈱日本制作センター　Printed in Japan
定価はカバーに表示してあります。落丁本・乱丁本はお取り替えいたします。
ISBN978-4-7892-3368-2 C2030